rowohlts
monographien
herausgegeben
von
Kurt Kusenberg

# Robert Schumann

in Selbstzeugnissen
und Bilddokumenten
dargestellt von
André Boucourechliev

Rowohlt

Aus dem Französischen übertragen von Richard Moering
Den dokumentarischen und bibliographischen Anhang bearbeitete Paul Raabe
Herausgeber: Kurt und Beate Kusenberg
Assistenz: Erika Ahlers
Umschlagentwurf: Werner Rebhuhn
Vorderseite: Schumann, Daguerreotypie 1850 (Heinz Winkelmann)
Rückseite: Schuhmanns Arbeitszimmer in Leipzig (Éditions du Seuil)

Veröffentlicht im Rowohlt Taschenbuch Verlag GmbH,
Hamburg, April 1958
Mit Genehmigung des Verlages Éditions du Seuil, Paris
Alle Rechte an dieser Ausgabe vorbehalten
Gesetzt aus der Linotype-Aldus-Buchschrift
und der Palatino (D. Stempel AG)
Gesamtherstellung Clausen & Bosse, Leck
Printed in Germany
780-ISBN 3 499 50006 x


68.–70. Tausend  März 1982

# Inhalt

Vorspruch  7
Eine Buchhandlung in der Provinz  9
Ich muß zeigen, wer ich bin . . .  24
Davidsbündler gegen Philister  38
Zwei Menschen, die sich lieben  51
Lieder  82
Ich möchte mein Klavier zerschlagen  98
Ich arbeite nicht umsonst  114
Der Weg ist so weit . . .  135
Musikalische Haus- und Lebensregeln  146

Zeittafel  154
Zeugnisse  158
Werkverzeichnis  162
Bibliographie  166
Quellennachweis der Abbildungen  169
Namenregister  170

# VORSPRUCH

Wer Schumanns Schriften aufmerksam liest — seine Tagebücher, seine biographischen Aufzeichnungen, seinen Briefwechsel sowie seine literarischen und kritischen Arbeiten —, wird sich von der erstaunlichen Fülle ihrer Widersprüche betroffen fühlen.

Einige Leser haben in diesem offensichtlichen Mangel an Zusammenhang die Anzeichen einer frühzeitigen geistigen Störung gesehen. Andere haben unter Schumanns Aussagen eine Wahl getroffen und haben an Hand einer vorgefaßten Meinung von seiner Persönlichkeit eine Reihe zusammenhängender und sich während seines ganzen Lebens gleichbleibender Züge herausgearbeitet. Ist er verrückt oder vernünftig? Unordentlich oder übergenau? Ein Mystiker, ein Ironiker oder ein Träumer? — lauter verschiedene, häufig forcierte und nur selten zuverlässige Bilder des Mannes.

Aber ist es nicht ein Verdienst unserer zeitgenössischen Literatur, die ‹widerspruchslose Persönlichkeit› als ein Trugbild entlarvt zu haben? Sogar schon vor Pirandello und Joyce tritt der Mensch als eine Alchimie von Widersprüchen in Erscheinung und will uns in seiner Größe wie seinem Elend, seiner Weisheit wie seiner Narrheit, seiner Gebrechlichkeit wie seinem Heldentum nur noch interessanter, noch *liebenswerter* erscheinen.

Wer also war Schumann? Das klare Bewußtsein seiner geistigen Vielfalt, die sich in einen Eusebius, einen Florestan, einen Meister Raro auseinanderlegt, faßt alle diese Gestalten in der eigenen Persönlichkeit wieder zusammen. Mehr noch als seine Schriften macht sein eigentliches Werk, seine Musik, ihn uns begreiflich. In ihr enthüllt das klare wie das dunkle Antlitz seines Wesens sich mit erschütternder Deutlichkeit. Schon in den ersten Kompositionen, wie etwa in den *Papillons*, op. 2, offenbart sich jene angeborene und sehr bald von ihm selber erkannte Vielfältigkeit seiner Natur. Die *Papillons* sind ein Maskenspiel, in welchem jedoch die Angst ständig zugegen ist; sie sind außerdem ein Spiel von Spiegeln, in denen ein Mensch hinter seinen zahllosen Gesichtern sich selber sucht . . .

Das Gesamtbild der deutschen Romantik gibt diesem vielgesichtigen Genie seine einzigartige Einheit und läßt hinter den mannigfaltigen Schattenbildern den wahren Menschen sichtbar werden. Schumann, unter den romantischen Musikern der romantischste, erbt und steigert in sich das quälende Verlangen der ihm voraufgegangenen Generation. Ihre ebenso vielseitige wie auf ein einziges Ziel gerichtete Kunst hat seinen Genius beflügelt. Er ist im wahrsten Sinne ein Kind dieser poetischen Bewegung, ohne die man ihn kaum verstehen kann.

*Robert Schumann. Lithographie von Kriehuber*

Und sicher ist er der letzte dieser frühvollendeten Geister, dieser Visionäre, die unsere unvollkommene Welt und den unerbittlichen Lauf der Zeit nicht anerkennen wollen und, weil sie in ihrer Sucht nach dem Unendlichen nicht nur ihr Werk, sondern auch ihr Leben und ihren Verstand aufs Spiel setzen, einem frühen Tode geweiht sind.

*Kapellmeister Kreisler. Zeichnung von E. T. A. Hoffmann*

# EINE BUCHHANDLUNG IN DER PROVINZ

Die romantische Bewegung ist eine Revolution, und zwar auf allen Gebieten. Sie hat das Lebensgefühl und die Moral der Zeit ebenso von Grund auf verändert wie ihre Kunst, ihr Schrifttum, ihre Philosophie und ihre Religion. Für diejenigen, die sich ihr hingaben, bedeutete sie eine Bekehrung. Kein Land hat sich so rückhaltlos zu ihr bekannt wie Deutschland, so daß man sagen darf, daß alles, was von 1770 bis zum Ende des neunzehnten Jahrhunderts in Deutschland etwas galt, romantischen Geistes war. Bei ihrer allseitigen und dauerhaften Natur ist die deutsche Romantik, obschon sie in gewisser Hinsicht leidenschaftlicher und hemmungsloser war als die englische oder französische, doch entschieden subtiler, als man gewöhnlich glaubt. Sie hat es verstanden, einen gewissen Klassizismus sich anzuverwandeln und zu eigen zu machen, ohne sich dadurch zu schwächen.

Es mag allzu ehrgeizig, ja, sinnlos erscheinen, auf einigen wenigen Seiten ein Bild der deutschen Romantik entwerfen zu wollen; und doch ist dies zu Beginn einer Arbeit über Schumann kaum zu vermeiden. Schumann bringt nicht nur die romantische Musik auf ihren Gipfel; er ist nicht nur durch seinen Charakter, sein Denken und Fühlen, sein Schicksal eine entschieden romantische Erscheinung, er ist überdies ein leidenschaftlicher Adept seiner Epoche, der all ihre Anregungen in sich aufnimmt. Er hat davon geträumt, in Jean Pauls Nachfolge ein Dichter zu werden. Er hat sich als Journalist leidenschaftlich für die romantischen Komponisten eingesetzt und ist gegen die ‹Philister› zu Felde gezogen. Sein Fühlen und Schaffen ist durch die Dichter und Denker geformt worden, deren Werke das Credo des jungen Deutschland waren.

Als der am 8. Juni 1810 in dem sächsischen Städtchen Zwickau geborene junge Schumann zu geistigem Leben zu erwachen beginnt, hat die Romantik bereits ihre schönsten Dichtungen hervorgebracht. Er wird sie eines Tages auf den Borden der väterlichen Buchhandlung entdecken; und Vater Schumann, der den Knaben schon früh zur Mitarbeit heranzieht, wird sie ihm zeigen und erklären. Dieser hypochondrische und grillige Vater, der über seiner Studierstube seinen Laden vernachlässigt, wollte ursprünglich Schriftsteller werden und schreibt, obschon er es nur bis zu einem Buchhändler in der Provinz gebracht hat, immer noch endlose düstere Ritterromane, außerdem übersetzt er Byron und Walter Scott und macht sie in Deutschland bekannt. Er ist selber ein ‹Stürmer und Dränger›.

In der zweiten Hälfte des 18. Jahrhunderts erhebt der ‹Sturm und Drang› sich als Vorstufe der Romantik gegen jene Verkennung des Tragischen und Geheimnisvollen sowie gegen jene seelische und geistige Starre und Zweifelsucht, die im Jahrhundert der Aufklärung triumphierten. Jetzt heißt es nicht mehr *sehen*, sondern *glauben*: ans Genie, an die Unschuld, an die Heiligkeit der Liebe und der Natur, an die Sendung des Menschen und die unwiderstehliche Macht seines Geistes. Schiller, der dem Helden seine Größe und der Leidenschaft ihre rückhaltlose Ehrlichkeit zurückgab, war der lauterste Verkünder dieser Erneuerung. Man muß brennen, wenn man leben will; und da die Zeit sich solcher Gnade nicht gewachsen fühlt, ruft sie den Geist des Mittelalters auf und schafft sich eine Traumwelt, wo Tod und Liebe, Kampf und Freiheit ihren tiefsten Sinn entfalten. Alles wird gefordert, alles ist erlaubt, alles ist möglich.

Diese heroische Seite des ‹Sturm und Drang› wird von Goethe – sie ist nur ein Aspekt seines umfassenden Geistes – durch die Rechtfertigung der Empfindsamkeit in ihren unschuldigsten und alltäglichsten Formen ergänzt. Aber Empfindsamkeit bedeutet nicht Empfindelei; und jene Idyllen haben oft einen tragischen Ausgang, der ihre

Manuskript der «Papillons»

«Der Bücherwurm». Gemälde von Carl Spitzweg

Gestalten zu Helden erhebt. Die fade Rührseligkeit des *Vicar of Wakefield* ist mit Werthers Selbstmord endgültig überwunden...

Jean Paul Friedrich Richter, Goethes und Schillers Zeitgenosse, blieb lange unbekannt und immer bescheiden und hat, obschon er die Größe jener beiden nicht erreicht, zweifellos einen noch tieferen Einfluß auf die jungen Romantiker ausgeübt als sie. Er ist ein fruchtbarer, bisweilen glänzender, oft wirrer Autor, dessen Stil sich zuweilen im eigenen Rankenwerk verfängt; aber in der Sternwolke seines Werks sind, unentwirrbar miteinander verknüpft, sämtliche Ideen der Romantik in all ihrer Widersprüchlichkeit enthalten. Er malt das idyllische Leben armer, gemütvoller und kindlicher Dorfbewohner und läßt dabei seiner tränenseligen Rührung wie seiner bissigen Ironie freien Lauf. Der Unschuld und Naturliebe dieser demütigen Seelen offenbaren sich die berauschendsten wie die erschrecklichsten Mysterien. Einmal stimmt die ganze Erde in ihr treuherzig-verliebtes Entzücken mit phantastischem Jubel ein; ein andermal verkündet der auferstandene Christus in einem eisigen Friedhof den Seelen, daß alle Hoffnung verloren sei. Die allerphantastischsten Erzählungen sind zugleich voll von großartig-klaren Symbolen. Durch seine verwandelnde Kraft, der das Universum als eine mystische Harmonie von Stimmen erscheint, durch die Verkoppelung von Gemüt und Ironie, von nüchternem Alltag und zeitloser Tiefe wurde Jean Paul ein Prophet der seltsamsten und übersteigertsten Gedankenflüge der Romantik. Alle jungen Dichter kennen und verehren ihn, und der junge Schumann macht ihn zu seinem Abgott.

Jean Pauls Zeitgenossen und Nachfolger greifen diese Tendenzen auf und werfen sich rückhaltlos dem Absoluten in die Arme. Es sind die wahren Helden der Romantik, die all die Probleme, deren sich ihre abenteuerliche Phantasie bemächtigt, auch selber durchleben. Ihre Seelennot drückt sich aus in der entschiedenen Absage an die Gegenwart und in der Sehnsucht nach einem ständig wechselnden Anderswo. Selbst wenn sie so greifbare Schönheiten wie die Harmonie einer Landschaft oder die Unschuld eines Kindes besingen, tut eine geheimnisvolle Welt sich auf, die allein dem Dichter sich öffnet und dem Philister nur ihre banale Außenseite zukehrt.

> *Sie fühlen dich nicht*
> *In der goldenen Flut der Trauben,*
> *In des Mandelbaums*
> *Wunderöl*
> *Und im braunen Saft des Mohns.*

13

*Zwickau um 1813*

> *Sie wissen nicht,*
> *Daß du es bist,*
> *Der des zarten Mädchens*
> *Busen umschwebt*
> *Und zum Himmel den Schoß macht.*
>     (Novalis, *Hymnen an die Nacht*)

Eines der meistbehandelten Themen der Zeit ist das Reisen. Nach Wackenroder und Tieck durchwandern Uhland, Chamisso und Eichendorff das alte und damals an mittelalterlichen Erinnerungen noch so reiche Deutschland. Diese bald müßigen, bald schwermütigen Irrfahrten in den Raum und in die Zeit verraten einen Durst nach Einsamkeit im Schoß der Natur und einen Hunger nach den Abenteuern des Zufalls, die vielleicht schon an der nächsten Wegbeuge auf uns warten.

Von diesen Wanderungen, die den Dichter mit dem vom Geist der Aufklärung noch unverdorbenen Gemüt des Volkes bekannt machen, bringen Achim von Arnim und Clemens Brentano ‹Des Knaben Wunderhorn› nach Hause, jene berühmte Sammlung von Liedern und naiven, bald zarten, bald grausamen Balladen. Eichendorff und Uhland verdanken ihr späterhin sowohl die Eingebung wie die schlichte Form mancher Gedichte.

> *Wem Gott will rechte Gunst erweisen,*
> *Den schickt er in die weite Welt;*
> *Dem will er seine Wunder weisen*
> *In Berg und Wald und Strom und Feld.*
>     (Eichendorff)

Die Größten unter ihnen aber unternehmen noch ganz andere Reisen und wagen die phantastischsten Abenteuer des Geistes, die sie bis zur Schwelle des Todes oder des Wahnsinns leiten. Novalis hat als erster das Schattenreich der Nacht erforscht und ist in das geheimnisvolle Labyrinth der Erde hinabgestiegen, wo im Schoß der Metalle das dunkle Gesetz der Welt sich birgt.

*Der ist der Herr der Erde*
*Wer ihre Tiefen mißt . . .*
*Und in der Nacht der Klüfte*
*Strahlt ihm ein ewges Licht.*

Er hat die Nacht angerufen, und sie hat ihn erhört: mit neunundzwanzig Jahren erlischt er, der Bräutigam einer Jungverstorbenen.

Auch Kleist, der das romantische Drama übersteigert, indem er Traum und Wirklichkeit, Bewußtheit und Sehertum miteinander vermischt, gehorcht dem Ruf des Todes und begeht vierunddreißigjährig zusammen mit einer Frau Selbstmord. Hölderlin endet im Wahnsinn und horcht, verstummt, sechsunddreißig Jahre lang auf die inneren Stimmen einer nicht mehr übersetzbaren Poesie.

Diese übersteigerte Suche nach einem noch nie erreichten Anderswo nimmt in Tieck, E. T. A. Hoffmann und Chamisso eine neue Form an. Auch sie forschen in einem Jenseits der Sinne nach den Geheimnissen des Alls, des Geistes und des Herzens. Aber ihre suchende Angst wird gebändigt durch Ironie; und der Ernst ihrer höheren Ahnungen versteckt sich hinter den launischen Phantasien eines magischen Geschehens. Schumann, der ihre Jean Paul-Verehrung teilt, wird, noch ein halbes Kind, von ihren entzückten und tiefsinnigen Visionen tief beeindruckt. Später entdeckt er in Goethes *Faust* und in Chamissos *Peter Schlemihl* die qualvoll unversöhnliche Zwiespältigkeit des Menschen. Brentano und Achim von Arnim erschließen ihm eine von Engeln und Dämonen bevölkerte Welt, und E. T. A. Hoffmann macht ihn mit der faszinierenden und tragischen Gestalt des Kapellmeisters Kreisler bekannt.

Diese unersättlichen Seelen, die vor keiner Offenbarung zurückschrecken, leiden unter der Gebrechlichkeit der Vernunft und empfinden sogar das seherische Vermögen als unzulänglich. Das Wort ist ihnen ein unvollkommenes Werkzeug, und selbst die Poesie kann den Fesseln der Sprache nicht ganz entfliehen. All diese Dichter suchen eine Kunst, die das Seelische, das Übernatürliche unmittelbarer wiederzugeben vermag. Es sind durchaus musikalische Naturen, und manche von ihnen sind selber Musiker.

Lessing, E. T. A. Hoffmann und besonders Tieck reden von einer

Verschmelzung der verschiedenen Künste, unter denen die Musik, «die wunderbare Dolmetscherin des Unsagbaren», als die vollkommenste sich durch diese entschiedene Auflehnung gegen den Rationalismus ein unendliches Gebiet eröffnet; und Jean Paul bekennt, daß er, um seinen überschwenglichen Gefühlen Ausdruck zu geben, nicht nach Worten, sondern nach Tönen suche.

Ein junger Schüler Jean Pauls, der sich zum Dichter berufen glaubte, schrieb mit siebzehn Jahren: *Es ist sonderbar, daß ich da, wo meine Gefühle am stärksten sprechen, aufhören muß, Dichter zu sein.*

Es war Schumann.

Die Welt, die der Knabe Schumann bei seinem eifrigen Lesen entdeckt, scheint ihn zunächst nicht tiefer zu beeindrucken. Er ist ein strahlendes, sorgloses und stilles Kind. Seine Mutter nennt ihn den «Lichtpunkt». Robert nimmt Stunden bei dem Orgelspieler Kuntsch, einem mittelmäßigen, aber ehrlichen Musiker. Er ist offenbar musikalisch recht begabt und scheint zunächst dichterisch noch begabter zu sein. Er ist gesellig und aufgeschlossen und läßt alle an den jugendlichen Entzückungen seiner immer regen Phantasie teilnehmen. Aber niemandem fällt es ein, in dieser glücklichen Begabung die Spuren eines Genies oder auch nur einer entscheidenden Berufung zu sehen.

*Ludwig Tieck*

*E. T. A. Hoffmann*

Das nachhaltige Musikerlebnis verdankt der Knabe einem der erstaunlichsten Pianisten jener an Virtuosen so reichen Zeit. Der Vater nimmt den Neunjährigen mit nach Karlsbad, wo er Moscheles hört. Auf der Heimfahrt bittet Robert voll Begeisterung um ein Klavier. Es ist fortan sein liebster Freund, dem er die Herzensergießungen seiner wechselnden Launen anvertraut. Das Kind erfindet am Klavier musikalische Karikaturen. Der Jüngling ergeht sich in Improvisationen, die manchmal mit Tränen enden. Der Mann wird ihm seine intimsten, persönlichsten und schmerzlichsten Eingebungen anvertrauen.

Anscheinend hat sein Vater in ihm mehr vermutet als nur ein gefälliges Talent. Er denkt daran, ihn Carl Maria von Weber anzuvertrauen, aber der große Meister ist gerade im Begriff, Deutschland zu verlassen, um nach England zu gehen. Würde Schumann, wenn dieser Plan Wirklichkeit geworden wäre, schon als Kind seine erstaunliche Begabung entfaltet haben? Vielleicht wären manche Zweifel und Kümmernisse ihm erspart geblieben. Es war ihm jedoch bestimmt, mühsam und schmerzlich sich selber finden zu müssen.

Mit zwölf Jahren stellt Robert mit einigen Kameraden ein kleines Orchester zusammen, komponiert einen Psalm

*Novalis*

*Hölderlin*

und studiert Mozart, Haydn und Weber. Aber die Literatur zieht ihn noch stärker an. Byron begeistert ihn, und Goethe und Schiller und vor allem Jean Paul sind sein Entzücken. Er kennt den *Faust* auswendig; und so groß ist sein Enthusiasmus, daß die Kameraden, die seine endlosen Deklamationen ertragen müssen, ihm die Spitznamen ‹Faust› und ‹Mephisto› anhängen. Er gründet auch eine literarische Gesellschaft, wo er und seine Altersgenossen sehr gelehrt über Klassiker und Romantiker miteinander diskutieren. Er schreibt sogar kleine Aufsätze, eine Abhandlung über Kunst, poetische Ergießungen im Stile Jean Pauls, wie etwa *Allerley aus der Feder Roberts an der Mulde* oder *Juniusabende und Julitage.* Trotzdem deutet nichts auf sein Genie hin oder zwingt eine endgültige Entscheidung herbei.

Bis zu seinem fünfzehnten Jahr bewahrt Schumann — Zauber und Vorzug der Jugend — seine frische Unbefangenheit und seine Begeisterungsfähigkeit und entwickelt, frei von jedem Zwang, sein Gefühl wie seinen Geschmack zu einer erstaunlichen und durchaus romantischen Vielseitigkeit. Erst auf der Schwelle zum Jünglingsalter meldet sich das Dilemma seiner Doppelbegabung.

Plötzlich wird er verschlossen, gleichgültig und schwermütig. Eine neue Welt scheint sich in ihm zu melden, und eine unbekannte Qual bemächtigt sich seines ganzen Wesens. Er hatte sie, ohne sie zu begreifen, vorausgeahnt. Jetzt entdeckte er in der eignen Brust den Dämon der ersten Romantiker: Heimweh, Ahnung und Verlangen nach einem unerreichbaren All.

*Es gibt eine Zeit im Jünglingsleben, wo das Herz nicht finden kann, was es will, weil es vor Sehnsucht und Freudentränen nicht weiß, was es sucht. Es ist jenes heilig hohe, stumme Etwas, welches die Seele vor ihrem Glück ahnt, wenn das Auge des Jünglings träumerisch in die Sterne blickt.*

Für Schumann, wie für jeden Romantiker, bedeutet das Eindringen in dieses All, das *Weitergehen,* soviel wie schöpferisches Handeln. Das Werk ist die Beichte einer eingeborenen Qual; das Schaffen aber ist der Versuch, ihrer Herr zu werden. Jetzt, da der junge Mensch diesen Ruf vernimmt, meldet sich das Verlangen nach schöpferischer Arbeit mit gebieterischer Macht. Zum erstenmal begreift er die ganze Schwere des Schritts: sich der Kunst weihen zu wollen, und die Notwendigkeit meldet sich: zwischen zwei vagen Möglichkeiten — Dichter oder Musiker — zu wählen. Trotzdem gehen die Tage ohne Entscheidung dahin; und statt auf eine Lösung zu drängen, verdunkelt sich sein Dilemma in jenen Jahren immer qualvoller. *Ob ich Dichter bin — denn* werden *kann man es nie — soll die Nachwelt entscheiden.* In diesem Augenblick — im Jahre 1826 — stirbt Schumanns Vater.

*Das Geburtshaus in Zwickau*

Robert verliert seinen treuesten Freund und einen verständnisvollen, zuverlässigen Berater, der allein ihn über die Klippen seiner nur langsam heranreifenden Berufung hätte hinwegsteuern können. Die Verwirrung des Jünglings wird durch diesen Kummer schmerzlich gesteigert. Er gibt sich krankhaften Träumereien hin und verfällt einer seltsamen, schwermütigen Untätigkeit. Seine früher so geistreichen und lebhaften Improvisationen am Klavier lassen ihn jetzt in Tränen ausbrechen.

Schumann sucht in der Lektüre Jean Pauls keine Beruhigung, sondern ein teilnehmendes Echo seiner Qualen. Dieser Dichter hat den tiefsten und umfassendsten Einfluß auf ihn: er beherrscht sein Denken, sein Dichten, sein Leben. «In mehrfacher Hinsicht», sagt Marcel Brion, «ist Schumann ein Jean Paulscher Charakter; und wenn er die Helden jener Romane leidenschaftlich geliebt hat, so deshalb, weil er sie als Gesinnungsbrüder wiedererkennt...» Jean Paul und Schumann träumen von der gleichen idealen Welt und von der gleichen mystischen Brüderschaft der Menschen. Was aber an Schumanns innerste Seele rührt, ist die überall im Werk seines Meisters gegenwärtige Musik. Sie spielt bei ihm eine noch beherrschendere Rolle als bei

*Das erste Schumann-Porträt*

den andern Romantikern. Ihr liegt es ob, die unaussprechlichsten und verborgensten Gefühle auszudrücken, vor deren Wiedergabe die Poesie versagt. Aber Schumann, dem's das Unsagbare angetan hat, glaubt sich dennoch zu einer Dichterlaufbahn berufen... Unter dem Einfluß des Dichters, der den *Hesperus* geschrieben hat, beginnt er zwei Romane und drei Dramen, die sämtlich unvollendet bleiben. Von dem Helden eines dieser Romanfragmente entwirft er das folgende Porträt, das auch sein eigenes sein könnte:

*Gustav liebt alles Geisterhafte, Überirdische, darum hatte er die Idee des Doppelgängers, ehe er von ihr hörte... Seine Ideen über Musik und Kunst: die schönen Künste, die Malerei und Bildhauerei ständen dicht unter den sprechenden Künsten wie Musik, Poesie, Schauspiel; im Weltall sei alles fortlaufende Bewegung; darum span-*

*ne jedes Adagio oder minder schnelle Bewegung mehr an, als das Allegro oder Presto...*

*Zürne nicht, daß es Tränen im Leben gibt, zürnst du denn den Dissonanzen und den Molltönen in der Musik und liebst du sie nicht? Hier und dort haben sie ihren himmlischen Reiz.*

Wie Jean Pauls Helden, versenkt auch Robert sich in die Betrachtung der Natur. Auf langen Spaziergängen tauscht er ätherisch-überschwengliche Gedanken mit Nanni oder Liddy, seinen ersten Jean Paulschen Geliebten. Er rezitiert ihnen lange Tiraden aus dem *Hesperus* oder dem *Titan*; und wenn Liddy den Kult des großen Mannes nicht mitmachen will, so wird die Spötterin – mit welch herzzerreißendem Kummer, aber auch mit welch überzeugter Festigkeit! – geopfert.

*Der Vater*

*Und endlich, da die Sonne erst untergetaucht war und Frühlinge von blühenden Rosen aus dem sterbenden Strahle aufdämmerten, als die Höhen der Berge glühten, die Wälder brannten und die unermeßliche Schöpfung in sanfte Rosenmassen zerfloß, und da ich so hineinschaute in diesen Purpurozean und alles, alles sich zu einem Gedanken formte und ich den großen Gedanken der Gottheit dachte und Natur, Geliebte und Gottheit entzückt vor mir standen und mich freundlich anlächelten – siehe – da zog, schnell wie ein Blitz, im Osten eine schwarze Wolke herauf – und sie zogen herauf – und sie ballten sich in die Höhe, und ich ergriff Liddys Hand und sagte zu ihr: Liddy, so ist das Leben.*

Aber dann lesen wir bald darauf:

*Sie ist eine engherzige Seele, ein einfältiges Mägdlein aus den un-*

*schuldigen Utopien: keinen großen Gedanken kann sie fassen...
Das hohe Bild des Ideals ist verschwunden, wenn ich an die Reden denke, die sie über Jean Paul führte.*

Tiefer und fruchtbarer als diese kindlichen Idylle ist die Liebe, die Schumann für Agnes Carus empfindet. Musikalisch und gebildet, führt sie Schumann ein in eine Welt voll poetischer Bilder und Klänge. Es ist Jean Pauls, aber auch Schuberts Welt, die sie dem jungen Menschen erschließt. Schumann, dessen jugendliche Bewunderung vor allem literarischen Werken galt, entdeckt in Schubert den ihm selber nächstverwandten Begründer der musikalischen Romantik. *Ich sprach nicht gerne von Schubert,* schreibt er später, *oder vielmehr: ich sprach von ihm nur zu den Bäumen und Sternen...*

Agnes Carus, älter als Schumann und Gattin eines mit dessen Eltern befreundeten Arztes aus Colditz, bleibt für ihn trotz der zwischen ihnen bestehenden engen Freundschaft eine unnahbar heilige Liebe. Sie war für ihn die erste Verkörperung des ‹Ewig-Weiblichen› und hat ihn in einem Augenblick, wo er tastend seinen Weg suchte, der Musik zugeführt, die sein Schicksal werden sollte.

Robert Schumann ist achtzehn Jahre alt. Wenn er auch bisher nur ein paar Romantitel und einige rasch wieder aufgegebene musikalische Entwürfe zu Papier gebracht hat, so blickt er doch nach Abschluß glänzender Studienjahre voll Mut und Vertrauen in die Zukunft.

Im März 1828 schreibt er an seinen Freund Fleschig:

*...Die Welt liegt vor mir: ich konnte mich kaum der Tränen enthalten, wie ich zum letzten Male aus der Schule ging: aber die Freude war doch größer als der Schmerz. Nun muß der innere, wahre Mensch hervortreten und zeigen, wer er ist: hinausgeworfen in das Dasein, geschleudert in die Nacht der Welt, ohne Führer, Lehrer und Vater — so steh' ich nun da, und doch lag die ganze Welt wie in schönerem Lichte vor*

Jean Paul

*mir als gerade jetzt, wo ich vor ihr stehe und fröhlich und frei ihrer Stürme lächle.*

Diese Freiheit, an der Schumann sich begeistert, ist jedoch nur ein trügerischer und kurzlebiger Widerschein seiner Unentschlossenheit. Sucht seine ruhelose Seele nicht eigentlich eher eine feste Bindung? Da er sich seiner schöpferischen Berufung nicht sicher ist, läßt er es sich mit erstaunlicher Bereitwilligkeit gefallen, daß man für ihn eine ihm wesensfremde Lösung findet. Seine Mutter entscheidet, er solle Jurist werden. Demgemäß reist er nicht als vagabundierender Dichter und nicht als Musiker nach Leipzig, sondern als ein Student der Rechte.

*Agnes Carus*

*Ohne die Grenze menschlicher Größe festzusetzen, möchte ich Sch. doch nicht unter die ganz gewöhnlichen Menschen zählen. Talent zu vielen Dingen und nicht: persönliche Eigenheiten zeichnen ihn vor der Menge aus. Sein Temperament: Melancholiker. Sein Sinn äußert sich mehr als Empfindungs- denn als Anschauungsvermögen, daher mehr subjektiv als objektiv in seinen Urteilen und Produktion. Das Gefühl stärker als das Streben. Sein Verstand weniger Reflexion als Hingebung des Gefühls, mehr theoretische als praktische Vernunft. Einbildungskraft stark, nicht sehr tätig, einer äußeren Anregung bedürfend. Gedächtnis und Erinnerungskraft besteht. Scharfsinn, Kunstsinn; Witz nicht stark. Mehr Gefühls- als Verstandesmensch. Mehr zu künstlerischer Tätigkeit als zu Spekulation sich eignend — ausgezeichnet in Musik und Poesie —, nicht musikalisches Genie. Sein Talent als Musiker und Dichter steht auf gleicher Stufe — mit Ausdauer. Jean Paul hat vielen Einfluß auf ihn geäußert ... Als Mensch — so zeichnet ihn aus: fester Takt, Ungeniertheit, Stärke des Geistes, Liebenswürdigkeit, Künstlertalent; wo er gefallen will, gefällt er, scharf mit Stärkeren, gegen Schwächere ist er stolz, persifliert sie oft, weiß sie aber leicht wieder zu gewinnen. Genial ist er nicht, das Stürzen in das Leben ist ihm fremd, desto mehr phantasiert er im stillen ...*

*Er liebt rein und heilig, er hat viel, edel und göttlich geliebt. Daß er den Mädchen gefällt, weiß er. Der Erste sein ist ihm angeboren —*

*gibt sich den Schein des Nichtwollens; ein Lustgarten ist ihm die Erde nicht, vielmehr ein heiliger Tempel der Natur. Religiös ist er ohne Religion. Die Menschen liebt er, und das Schicksal fürchtet er nicht ...*

*Seine Seele möchte ich malen, aber ich kenne sie nicht ganz, er hat sie in dichte Schleier gehüllt, bewußt und unbewußt, den reifere Jahre nur durchspähen können ...*

So sah Schumann damals sich selber.

## ICH MUSS ZEIGEN, WER ICH BIN...

Leipzig ist im Jahre 1828 eine der bedeutendsten deutschen Städte, stolz auf seine Universität und auf sein geistiges wie künstlerisches Leben. Schumann sieht es lediglich als eine zu große und obendrein gefühllose und verkünstelte Stadt. Fern von der Liebe seiner Angehörigen, deren bewundernde Teilnahme ihn in Zwickau umhegte, fern von der Natur, seiner Freundin und Trösterin in bösen Tagen, lernt er jetzt die Einsamkeit kennen. Er beginnt die Ohnmacht seiner Unentschiedenheit zu empfinden und gewinnt allmählich die Klarheit und den Mut, die ein langsam dringlich werdender Entschluß von ihm fordern.

Robert hat sich dem Wunsch seiner Mutter, die ihn für eine einträgliche Laufbahn bestimmt hat, gefügt, merkt aber sehr bald, daß die Jurisprudenz ihn langweilt. Er besucht Vorlesungen, arbeitet auch hin und wieder, aber — wie er gesteht — *nur mechanisch.* Nie wird sein Geist sich mit dem trocknen Studium der Rechte befreunden; und auch die Philosophie, der er ein ehrliches Interesse entgegenbringt, ist nicht seine Sache. Und um das studentische Leben seiner Epoche mitzumachen, das vorwiegend aus Trinkereien und Mensuren besteht, deren Rituell von den Korporationen bis ins Kleinste geregelt ist —, dafür ist er zu geistig und verlangt zuviel von sich selber. Die disziplinierte Roheit widert ihn an. Er hält sich abseits und zieht sich zurück in seine eigene, aus Freundschaft, Träumerei und Musik bestehende Welt. Mehr als je ist die Musik seine Vertraute, seine Zuflucht, sein Herzensbedürfnis und eine Genugtuung für seinen endlich von äußerem Zwang befreiten Geist. Ohne sich gegen seine studentischen Obliegenheiten und Pflichten aufzulehnen, gibt Schumann doch sein Bestes der Musik. In dieser Hinsicht verdankt er dem verhaßten Leipzig erhebliche Förderung. In Zwickau hatte Robert nur einen Kreis provinzlerischer Liebhaber gekannt und hatte nur eine unregelmäßige und unzulängliche Ausbildung erhalten, während er in Leipzig außer den Konzerten im Gewandhaus und in der Bachs

*Schumann als Student*

Vermächtnis pflegenden Thomaskirche auch noch verschiedene musikalische Gesellschaften besuchen und den Umgang mit hochgebildeten Musikschwärmern pflegen kann. Er findet den Doktor Carus, jetzt Professor der Medizin, und die schöne Agnes wieder, bei denen die bedeutendsten Musiker verkehren. An ihnen überprüft Robert seine eignen pianistischen und kompositorischen Gaben. Seit er nur noch auf sich selber steht, will er der leichten, oberflächlichen Bravour seiner Jünglingsjahre entfliehen und wählt für das, was er bisher zum Vergnügen betrieben hat, die allerhärteste Schule.

*Die Mutter*

Auf Agnes' Rat schickt er seine ersten Kompositionen dem Kapellmeister Wiedebein, der sich für junge Talente interessiert und – Jean Paul bewundert. In einem Brief von reinster Jean Paulscher Prägung stellt Schumann sich als Neophyten der Musik und eifrigen Schüler der Natur vor, der alle Hindernisse zu überwinden willig sei, aber doch demütig bekennen müsse, von Harmonielehre wenig und vom Kontrapunkt nichts zu verstehen. Wiedebein rät dem jungen Mann, zu arbeiten und seine schönen Gaben auszubilden. Worauf unser junger Jurist Bachs ‹Wohltemperiertes Klavier› auf seinen Flügel stellt und das gründliche Studium dieses strengen Werkes zu seinem *täglichen Brot* macht.

Bei den Carus' trifft er auch Wieck, mit dessen Härte er jahrelang wird rechnen müssen, und der sich aus einem verehrten Lehrer in einen Verfolger seines Lieblingsschülers und in den Henker einer keimenden Liebe verwandeln wird. Dieser ebenso geniale wie tyrannische Pädagoge macht Schumann mit den Forderungen der Klaviertechnik bekannt und erklärt ihm, wie notwendig es für ihn sei, seinem genialen Enthusiasmus eine solide Basis zu verschaffen.

Friedrich Wieck war von armer Herkunft, liebte die Musik, ohne jedoch zu Großem berufen zu sein, war überdies ehrgeizig und hatte sich durch hartnäckige Geduld und Entbehrung seine musikalische Bildung und Erfahrung erworben. Nachdem er seine Berufung zum Pädagogen entdeckt hatte, war er der bedeutendste Klavierlehrer von Leipzig geworden. Wer konnte seinem wütenden Lehreifer willkommener sein als seine eigne Tochter? Sobald sie ihr fünftes Jahr vollendet hatte, wurde Clara, eine geborene Musikerin und ein gelehriges Kind obendrein, das Versuchskaninchen für seine Experimente und das lebende Beispiel für die Trefflichkeit seiner Methode. Als Schumann das neunjährige Kind im Hause der Carus' spielen hörte, muß der Eindruck überzeugend gewesen sein, denn der musikalische Phantast beschloß, sich unter Wiecks Fuchtel zu begeben, der, wie er wußte, keinerlei Nachsicht mit seinen romantischen Ergießungen haben würde. Auf die frisch-fröhlichen Kammermusikabende bei den Freunden, wo der Enthusiasmus mehr zu Worte kam als eine pedantische Genauigkeit, folgt nun für Schumann eine mehrmonatige strenge Schule.

Diese rein musikalische Askese — denn seine juristischen Studien und sein sonstiges Leben bleiben sprunghaft und willkürlich — wird durch einen plötzlichen Umschwung, ein jähes Bedürfnis nach Freiheit und Veränderung unterbrochen. Er will Leipzig mit seinen lärmenden Studenten und sogar Wieck verlassen, dessen Unterricht er schon jetzt als allzu anstrengend empfindet.

Dies bedeutet keine Auflehnung. Schumann bleibt der folgsame, wenn auch nicht allzu eifrige Student; und wenn er seine Mutter bittet, nach Heidelberg gehen zu dürfen, so tut er's seiner Studien wegen. Die begeisterten Briefe seines Freundes Rosen, der dort Jura studiert, ziehen ihn an. Zwei große Lehrer, Thibaut und Mittermaier, lehren an der dortigen Universität. In dieser alten aristokratischen Stadt ist das Leben ruhiger, und das geistige wie künstlerische Niveau höher als in Leipzig. Zu diesen Vorzügen der Stadt wie ihrer Gesellschaft tritt noch die reizvolle Umgebung.

Und Robert macht sich auf die Reise. Es ist ein richtiger Jugendstreich, *ein Flug durch Hunderte von Frühlingshimmeln;* und Schumann ist das typische Beispiel eines jungen romantischen Reisenden, der begierig ist, Eindrücke und Abenteuer aus tiefster Seele zu erleben und zu verarbeiten.

*Das «Juridicum» der Universität Leipzig*

Frankfurt ist für ihn wie ein Traum: *Der Himmel war ganz klar und blau; in der Ferne zog sich durch das Goldblau des sinkenden Abends die schwärzlichblaue Riesenkette des Taunusgebirges in scharfgezeichneten Rändern fort. Der Main flatterte wie ein Silberband durch den Blütengarten des Frühlings. Tausende von Mädchen zogen paarweise durch die Alleen* ...

Da er sich von einem liebenswürdigen Reisegefährten nicht trennen will, begleitet er ihn bis Koblenz, wo er zum ersten Mal den Rhein sieht, den *heiligen Strom*, den er bis nach Mainz hinauffährt.

*Die schöne Ruine des Ehrenfels blickte recht stolz auf mich und den Mäuseturm im Rheine. Die Sonne ging königlich stolz unter, und der Abend dämmerte ruhig herauf; am Ufer von Rüdesheim lagen Schiffe, auf denen es rege und lebendig wurde. Die alten Väter saßen mit der Tabakspfeife auf Bänken an den Häusern hin; herrliche, wunderschöne Kinder spielten am Rhein fröhlich, so daß ich fast den Mondaufgang vergessen hätte. Es ward ruhiger und ruhiger. Ich ließ mir einen Schoppen Rüdesheimer geben; der alte Schiffer mit seinem Mädchen führte mich zum Nachen; der Rhein war windstill, und der Mondäther ganz blau und klar. — Rüdesheim spiegelte sich mit seinen dunklen römischen Ruinen in den Wellen, die der Mond zaubrisch verklärte — darüber lag auf hohem Berge einsam die Rochuskapelle — wir fuhren hin und wieder — mein Herz war ganz erfüllt ... Ich ließ landen; der Mond glänzte silbern fort, und die ziehende Welle des Rheins drückte leise, leise dem Wanderer die Augen zum Schlummer zu.*

In der Postkutsche unterhält ein preußischer Legationssekretär ihn mit allerhand vertraulichen Mitteilungen; ein ergrauter Ballettmeister schüttet ihm sein Herz aus, und ein holländischer Offizier schildert ihm die Schlacht von Waterloo. Ist das Wetter schön, so klettert Robert auf den Bock zum Kutscher und nimmt, in *göttlichem Übermut*, selber die Zügel in die Hand. Als beim Aufbruch von Mainz ein Gewitter droht, bricht er zu Fuß auf, freut sich im voraus auf den herrlichen Sonnenuntergang und kommt um neun Uhr abends, den Ranzen über der Schulter, in seinem *ersehnten Heidelberg* an.

Er bleibt dort nur kurze Zeit — grad' so lange, daß er ein wenig Italienisch lernen kann —, und bricht im Sommer 1829 nach Italien auf. Sein Freund Rosen, der ihn begleiten sollte, verzichtet im letzten Augenblick. Robert bricht allein auf, und zu Fuß. Sein Beutel ist ziemlich leer, aber er ist glücklich: *Diese Fußwanderung war herrlich und wegen der ewigen, schönen Abwechslung nicht ermüdend, ich wandelte allein die Straße fort, das Ränzchen auf meinem Buckel, schwang meinen Alpenstock in die Alpenlüfte, blieb alle Minuten stehen und kehrte mich um, um mir alle herrlichen Schweizerparadiese recht fest einzuprägen.*

Er durchquert die Schweiz, wandert den Lago Maggiore entlang und verweilt kurz in Mailand, wo er, hingerissen von Bewunderung, die Pasta singen hört. In Venedig stiehlt man ihm das bißchen Geld, das er hat. Da erwacht sein Heimweh. *Ich bin ein ferner, einsamer Wanderer, der jetzt nichts hat als sein Herz, mit dem er sprechen, weinen und lachen kann . . .*

Von dieser raschen Reise bringt der noch sehr junge Schumann nicht die Offenbarung mit nach Hause, die ein Goethe in Italien erlebte. Seine Eindrücke sind lebhaft, aber oberflächlich. Italien wird für ihn eine Erinnerung, aber keine Eingebung bedeuten, doch bleibt es

*Die Thomaskirche in Leipzig*

eine Erinnerung voller Poesie und Musik und enthüllt ihm, der immer mehr Dichter, immer mehr Musiker wird, seine eigne Natur.

Obschon in Heidelberg Thibauts Ansehen und Geistesschärfe ihm ein neues Interesse für das Rechtsstudium abgewinnen und obschon er in gewissen Briefen an seine Mutter bald mit Entschiedenheit, bald mit wehmütigem Bedauern erklärt, daß er nicht mehr ans Klavier denke, ist sein Aufenthalt doch ganz von Musik erfüllt. Er spielt in seinem Zimmer viel für sich selber, allein oder unter Freunden. Er spielt auch bei seinem Lehrer Thibaut, um dessen tragisch verhinderte musikalische Laufbahn jeder weiß. Er läßt sich sogar in Mannheim vor der Großherzogin Stephanie von Baden hören, zu der sein pianistischer Ruf gedrungen ist.

An seinen Bruder Julius schreibt er ausführlich, wie sehr man ihn in Heidelberg liebe und achte, und daß er der erklärte Liebling des Publikums geworden sei, seit er auf einem Konzert Moscheles' Alexandervariationen vorgetragen und stürmischen Beifall geerntet habe.

An Friedrich Wieck, dem er die Entdeckung seiner pianistischen Begabung verdankt, schreibt er noch offener: *Aber wüßten Sie, wie es in mir drängt und treibt und wie ich in meinen Symphonien schon*

*Paganini. Zeichnung von Louis Boulanger*

*bis zu op. 100 gekommen sein könnte, hätte ich sie aufgeschrieben . . .
ich bin manchmal so voll von lauter Musik und so recht überfüllt
von nichts als Tönen, daß es mir eben nicht möglich ist, etwas nieder-
zuschreiben.*

Schumann bleibt, so musikbesessen er auch ist, der Gefangene seiner paradoxen Lage. Er bringt es nicht fertig, zwischen einer bürgerlichen, ihm widerstrebenden Zukunft und einem Schicksal zu wählen,
das ihn für sich fordert, dem er sich aber entzieht. Wann wird er diesen Widerspruch überwinden und diesem Doppelleben ein Ende machen, das sich einesteils als ein unnützes Opfer an soziale Notwendigkeiten und andernteils als eine unzulängliche Hingabe an sein
künstlerisches Genie darstellt, dem nur der ganze Mensch Genüge
tun kann?

Man sucht in diesem Jahr 1830 nach einem Ereignis, einem Schock,
die ihn zur Entscheidung drängen; aber das zu Ostern in Frankfurt
gehörte Konzert von Paganini, der den Jüngling zweifellos nicht weniger beeindruckt als seinerzeit Moscheles den Knaben, wird in seinem sonst so wortreichen Tagebuch nur mit wenigen Worten er-
wähnt. Schumann geht den unmittelbaren Anlässen zu einem Entschluß aus dem Wege, so daß seine eigentliche Berufung sich nur nach
und nach auf dem Umweg über Zufälligkeiten und Schwankungen
durchsetzt. Wie seine literarische Begabung und seine vielfachen Versuche in dieser Richtung ihn nicht zum Schriftsteller und sein kindlicher Gehorsam ihn nicht zum Juristen haben bestimmen können, so
vermögen weder seine Lehrzeit bei Wieck noch der durch Paganini
erfahrene ‹Schock› ihn endgültig zum Musiker zu machen.

Trotzdem erscheint ihm die Musik nach jedem Verzicht und jeder
Niederlage immer deutlicher als seine natürliche Ausdrucksweise.
Und als Schumann endlich alle inneren wie äußeren Schranken durchbricht und sich für die Musik entscheidet, handelt es sich weniger um
eine Wahl als um ein langsames und unvermeidliches Sichbesinnen
auf seinen Genius. Nach endlosem Schwanken zwischen den Forderungen des Instinktes und den falschen Gründen des Verstandes, nach
endlosem Zögern: ob seine schöpferische Begabung ihn zum Dichter
oder zum Musiker bestimme, nimmt Schumann schließlich, frei von
jedem äußeren Einfluß, sein eigenes Schicksal auf sich. Sein so oft zi-
tierter Brief vom 30. Juli 1830 an seine Mutter zeigt uns einen neuen,
klarsichtigen und entschlossenen Menschen. Seiner Mutter, deren
Entscheidungen so lange auf ihm gelastet haben, erklärt er mit liebe-
voller Festigkeit seinen unwiderruflichen Entschluß.

*Mein ganzes Leben war ein zwanzigjähriger Kampf zwischen Poe-
sie und Prosa, oder nenn es Musik und Jus . . . In Leipzig hab' ich*

*unbekümmert um einen Lebensplan so hingelebt, geträumt und ge-
schlendert und im Grunde nichts Rechtes zusammengebracht; hier
habe ich mehr gearbeitet, aber dort und hier immer innig und inniger
an der Kunst gehangen. Jetzt stehe ich am Kreuzwege, und ich er-
schrecke bei der Frage: wohin? — Folg' ich meinem Genius, so weist
er mich zur Kunst, und ich glaube, zum rechten Weg. Aber eigentlich
— nimm mir's nicht übel, und ich sage es Dir nur liebend und leise —
war mir's immer, als verträtest Du mir den Weg dazu ...*

Christina Schumann ist niedergeschmettert, weil ihr letzter Sohn
sich der sicheren Laufbahn entziehen will, die sie für ihn erträumt
und ihm mit freundlich-unerbittlicher Hartnäckigkeit aufgedrängt
hatte. Sie möchte sterben und kann, wie sie später gesteht, lange Zeit
nicht beten. Ganz Zwickau ist in Aufregung; nur der alte Kuntsch
schickt dem Rebellen ein Zeichen seines Vertrauens und seiner Achtung und ermutigt ihn durch kühne Prophezeiungen künftigen Ruhmes.

Robert bittet Wieck um sein Urteil und beugt sich im voraus unter
seine Entscheidung. Die Würdigung, die der bedeutende Lehrer ihm
zukommen läßt, macht seiner Einsicht Ehre und findet endlich auch
Christinas Zustimmung. Wieck verspricht ihr, aus ihrem Sohn in
drei Jahren einen Pianisten zu machen: «geistiger und leidenschaftlicher als Moscheles und großartiger als Hummel». Die stürmischen
Auseinandersetzungen in der Familie beruhigen sich. Schumann entwaffnet alle durch seinen liebevollen Takt und durch die Selbstlosig-
keit, die er bei der Teilung des Familienvermögens seinen Brüdern
gegenüber bekundet. Er verzögert seine Abreise von Heidelberg, genießt nach dieser inneren Krise mit all ihren Kämpfen das Glück der
Entspannung und nimmt sich Zeit, seine Studentenschulden zu be-
zahlen. Im Oktober 1830 bricht er nach dem unbehaglichen Leipzig
auf, das jetzt das Ziel seiner innigsten Wünsche und der Lohn seines
so hart erkämpften Sieges geworden ist.

*Ich bleibe bei der Kunst,* schreibt er am 21. August an Wieck, *ich
will bei ihr bleiben, ich kann es und muß es. Ich nehme ohne Tränen von einer Wissenschaft Abschied, die ich nicht lieben, kaum
achten kann; ich blicke aber auch nicht ohne Furcht auf die lange
Bahn hinaus, die zum Ziele führt, das ich mir jetzt vorgesteckt habe. Glauben Sie mir, ich bin bescheiden, habe auch viel Ursache, es
zu sein; aber ich bin auch mutig, geduldig, vertrauensvoll und bild-
sam. Ich vertraue Ihnen ganz und gebe mich Ihnen ganz ...*

Er zieht zu Wieck in die Wohnung und beginnt voll Begeisterung die sechs von seiner immer noch beunruhigten Mutter gefor-

*Wieck und Clara. Relief von G. Kietz*

derten Probemonate. Aber der Weg, der vor ihm liegt, ist schwer. In seinen Briefen und in seinem Tagebuch wechseln Eifer und Mutlosigkeit, Arbeitsbegeisterung und hypochondrische Niedergeschlagenheit mit einander ab. Bald träumt er davon, Moscheles zu überbieten und der Paganini des Klaviers zu werden, schließt sich tagelang mit seinem Piano ein und unterwirft sich den nüchternsten Fingerübungen und Wiecks tyrannischsten Forderungen. Dann wieder versinkt er in menschenscheue Gleichgültigkeit und fühlt, daß «sein Herz leer und tot ist wie die Zukunft».

*An manchen Tagen, schreibt er in seinem «Lebensbuch», stehen auf allen Gesichtern schwüle Gewitter..., oder sieht sie nur mein inneres Auge?...*
*Laß dich nicht entmutigen, lieber Robert, wenn es nicht allemal so perlen und schnellen sollte, wie während der letzten acht Tage; übe dich in Geduld, hebe die Finger leise, halte die Hand ruhig und spiele langsam, und alles muß wieder ins Gleis kommen...*
*Das Klavier wollte gestern nicht gehen, es war, als hielt mich jemand am Arme. Nun hab' ich's auch nicht weiter forciert. Es lag Mattigkeit und Dumpfheit in den Menschen und am Himmel...*

An solchen Tagen vermag ein dunkler, noch ungeklärter Schaffensdrang ihn wieder aufzurichten. Er träumt von einer romantischen Oper *Hamlet*, die ihn ganz in Flammen setzt; er verströmt seine Erregung den ganzen Tag in schmelzenden, phantastischen Melodien und träumt von Ruhm und Unsterblichkeit. Trotz aller dunklen Stunden und trotz aller Entmutigungen verstummt die Musik in ihm nie wieder. Aber solche spontanen Ergießungen genügen seinen schöpferischen Ahnungen nicht mehr; doch um dieselben gültig auszudrücken, fehlen ihm selbst die einfachsten Kenntnisse seiner Kunst. Daher bittet er im Juli 1831 den Kapellmeister Dorn, einen geschätzten Musiktheoretiker, um Kompositionsstunden. Schumann merkt rasch, daß dieser Unterricht erhebliche Lücken bei ihm ausfüllt: *ich habe,* schreibt er an seine Mutter, *die schöne Klarheit gewonnen, die ich wohl früher schon geahnt, die mir aber oft gefehlt hatte.* Sein musikalisches Verständnis verfeinert sich. Rasch begreift er die Grenzen und auch die Gefahren einer allzu formalen Auffassung, und schon im Januar 1832 beginnt er sich zu widersetzen. *Mit Dorn werd' ich mich nie amalgamieren können; er will mich dahin bringen, unter Musik eine Fuge zu verstehen.*
Es ist Dorn, der den Bruch herbeiführt, aber die Lehrzeit war nicht umsonst. *Ich fühle allerdings,* schreibt er in demselben Brief, *daß die theoretischen Studien guten Einfluß auf mich gehabt haben.* Wenn

34

*sonst alles Eingebung des Augenblicks war, so sehe ich jetzt mehr dem Spiel meiner Begeisterung zu, stehe vielleicht manchmal mitten drin still, um mich umzusehen, wo ich bin.*

So verfolgt Schumann denn nunmehr seinen eignen Weg. Wenn er den Rat der Älteren annimmt und ihn sogar erbittet, so hält er sich doch bei keinem von ihnen länger auf, sondern sucht seine eigentlichen Führer unter den verstorbenen großen Meistern. Verständnisvoll studiert er Beethoven und Schubert, die er bisher nur instinktiv bewundert hatte. Er vertieft sich immer mehr in das reinigende und stärkende Genie von Bach, der lebenslang sein wahrer Meister bleibt.

Wie ehedem bedrückt Wiecks Autorität ihn auch jetzt bisweilen, und sein unveränderter Wankelmut denkt bereits daran, den Meister, dem er sich «ganz hingegeben» hat, wieder zu verlassen und in Weimar bei Hummel zu arbeiten. Aber Wieck, der den Unterricht von Dorn sehr ungern geduldet hatte, bringt Schumann rasch und nicht ohne Brutalität wieder auf den rechten Weg. Er denkt nicht daran, seinen so hochbegabten Schüler dem berühmten Konkurrenten zu überlassen.

*Friedrich Wieck*

Schumann arbeitet mit erbittertem Eifer ... Das Klavier ist widersetzlich, die Technik abstoßend und zeitraubend. Besessen von Paganinis großem Vorbild und ungeduldig, ans Ziel zu kommen, hat er den unseligen Einfall, beim Üben den dritten[1] Finger seiner rechten Hand festzubinden, um dadurch den vierten Finger unabhängiger zu machen.

Im Frühling 1832 ist seine Hand gelähmt. Kopflos vor Schreck, will Robert anfangs den Unfall vor seiner Familie geheimhalten. Er läuft von einem Arzt zum andern und sucht sogar Hilfe bei Quacksalbern. Seine Wohnung ist «in eine Apotheke verwandelt». Muß er die Musik aufgeben? Bis zum März 1834 versucht er mit verzweifelter Hartnäckigkeit alle Behandlungsarten und hofft auf ein Wunder. Aber sein Finger bleibt gelähmt: Schumann wird nie ein Virtuose sein.

Dieser Zufall, in dem die Biographen ein Geschenk der Vorsehung erblicken, sofern er Schumann den zerstörerischen Anforderungen einer Virtuosenlaufbahn entriß und ihn zwang, sich ganz und gar seiner eigentlichen und wesentlichen Berufung zu widmen, war für ihn lange Zeit eine grausame Enttäuschung. In einem Brief an seine Mutter aus dem Jahre 1834 will er, scheint's, seine Karriere aufgeben: *Wegen des Fingers mache Dir keine Unruhe! Komponieren kann ich ohne ihn, und als reisender Virtuose würde ich kaum glücklich sein.*

Einige Jahre darauf aber treibt dieser Unglücksfall, durch den ein neidisches Geschick sein musikalisches Ausdrucksbedürfnis lahmlegt, ihn fast zur Verzweiflung. *Gott, warum hast Du mir grade dieses getan?* schreibt er im Dezember 1838 an Clara. *Es wäre mir hier grade von so großem Nutzen; es steht alle Musik so fertig und lebendig in mir, daß ich es hinhauchen möchte; und nun kann ich es nur zur Not herausbringen, stolpere mit einem Finger über den andern. Das ist gar erschrecklich und hat mir schon viele Schmerzen gemacht.*

Dieser körperliche Fehler und die damit verbundene Enttäuschung sind sicher nicht ganz ohne Zusammenhang mit der schweren Verdüsterung, die den jungen Musiker im Herbst 1833 befällt. Er wird von Fieber und von grundlosen Ängsten befallen und stürzt aus der höchsten Erregung in die tiefste Niedergeschlagenheit. Als die Cholera in Deutschland ausbricht, verlangt Schumann seinen Reisepaß, will nach Frankreich oder Italien fliehen und ist so völlig außer sich, daß seine Mutter ihn beschwört, diese Angst vor der Ansteckung zu besiegen, da sie selber eine Gefahr bedeute. Die kurz aufeinander folgenden Todesfälle seines Bruders Julius und seiner Schwägerin

---

1 Der *dritte*, nicht — wie man gemeinhin glaubt, der vierte! Die Fingersätze der *Toccata* sind in diesem Punkte eindeutig, wir wir, dank Alfred Cortots Angaben, bestimmt versichern können.

Rosalie, die er beide zärtlich liebt, steigern seinen Zustand derartig, daß er in seinen qualvollen Ängsten während der Nacht vom 17. Oktober seinen Verstand zu verlieren glaubt. In einer Vorahnung des tragischen Schrittes, mit dem er zwanzig Jahre später der Welt der Lebenden zu entfliehen sucht, will er sich aus dem Fenster stürzen, um durch den Tod dem Wahnsinn zu entgehen.

Fortan verträgt er keine höhergelegenen Wohnungen und keine schneidenden Gegenstände mehr: ihre stillschweigende Versuchung zum Selbstmord entsetzt ihn.

In einem Zustand «verängstigter Agonie» vergräbt Schumann, dessen Lebenskraft zutiefst erschüttert ist, sich einen ganzen Winter lang in Zwickau.

Diese Krisenjahre sind jedoch weder ganz dunkel noch ganz unfruchtbar. Schumann hat sich endgültig zu seiner musikalischen Berufung bekannt, und sein wahres Schöpfertum hat alle Zweifel und Kämpfe überwunden. Er unterwirft sich jetzt der letzten Prüfung und der *geliebten Qual*: eine vollkommene und dauerhafte Form zu finden.

Seine ersten, während der letzten ruhigen Heidelberger Wochen begonnenen und in seiner Lehrzeit bei Wieck ausgearbeiteten Kompositionen sind veröffentlicht worden. Im September 1831 sind die *Abegg-Variationen op. 1* erschienen.

*Wüßtest Du nur*, schreibt Schumann seiner Mutter, *was das für Freuden sind, die ersten Schriftstellerfreuden; kaum wird der Brautstand ihnen etwas nachgeben. Da hängt denn jetzt auch mein ganzer Herzenshimmel voll Hoffnungen und Ahndungen. — So stolz wie der Doge von Venedig mit dem Meere, vermähle ich mich nun zum erstenmal mit der großen Welt, die in ihrem ganzen Umfang die Welt und die Heimat des Künstlers ist.*

Die *Abegg-Variationen* verraten den Eifer des jungen Komponisten, sämtliche Möglichkeiten des Klaviers sowie der von ihm gewählten Form zu erschöpfen. Sie sind glänzend und geschickt geschrieben, und ihre ursprüngliche Phantasie trägt bereits, trotz einiger Weberscher Anklänge, den unverwechselbaren Stempel von Schumanns Persönlichkeit.

Hinter der Widmung versteckt sich das unschuldige Manöver einer jugendlichen Eitelkeit. Das Werk sollte Zwickau von der Begabung des verlorenen Sohnes überzeugen. Außerdem wollte Robert, der damals in dem Salon der Großherzogin Stephanie verkehrte, gesellschaftlich glänzen und widmete deshalb die Variationen einer erfundenen Gräfin Pauline von Abegg, deren Name das Thema bildet.

So konnte man aristokratische Intrigen und schmeichelhafte Gunstbezeigungen andeuten und die Zwickauer Bürger in Erstaunen setzen. Man weiß nicht, wie weit dies gelang; wenn aber die Kritik auch ziemlich trocken ausfiel, so war Christina Schumann doch sehr beeindruckt und gab, obschon sie behauptete, «nichts verstanden zu haben», dem Genie des Sohnes ihren mütterlichen Segen.

Die *Studien nach Capricen von Paganini op. 3* sind ein brillantes Kompliment für den verehrten «Teufelsgeiger», während die dem Freunde von der Lühe gewidmeten *Intermezzi op. 4* in allen Farben zartester Übergänge schimmern. Dem Bruder Julius, dessen baldiger Tod ihn tief erschüttert, sendet Robert seine *Toccata op. 7*, damit er *seine Finger lockere* ...

Das Hauptwerk jener ersten schöpferischen Jahre sind jedoch die *Papillons op. 2* — reicher, tiefsinniger und auch geheimnisvoller als die schon genannten Werke. Die Zeitgenossen glaubten, in ihnen das heitere Spiel leichter Flügel zu vernehmen, während es sich in Wirklichkeit um die musikalische Schilderung von Schumanns ganzer, schon damals in ihrer widerspruchsvollen Doppelnatur sich enthüllenden Seelenwelt handelt. Das Werk hält sich an die einzelnen Episoden des phantastischen Maskenballs, mit dem die ‹Flegeljahre› Jean Pauls schließen. Ein mit Randbemerkungen von Schumanns Hand versehenes Exemplar des Romans, ein Brief und die am Ende der Partitur notierten Worte: *Der Lärm des Karnevals verstummt, die Turmuhr schlägt die sechste Stunde* bezeugen, daß der jugendliche Komponist in einem seiner frühesten Werke jene Gefühlverschmelzung von Musik und Poesie erstrebte, von der die Romantiker und insbesondere Jean Paul besessen waren. Aber Schumann bereichert diesen Versuch um die tragische Besessenheit jenes Spiels mit Doppelgängertum und Masken, um das schaurige Gefühl der Leere und Künstlichkeit des festlichen Treibens — lauter Gleichnisse für die Unmöglichkeit menschlicher Begegnung.

## DAVIDSBÜNDLER GEGEN PHILISTER

Langsam überwindet Schumann die tiefe Niedergeschlagenheit, in der die schreckliche Krise von 1833 ihn zurückgelassen hatte. Er wird seiner inneren Verwirrung und des Kummers über seine gelähmte Hand Herr und kehrt nach Leipzig zurück. Aufs neue stürzt er sich in das lebhafte Getriebe von Deutschlands musikalischer Hauptstadt. Der frühere Einsiedler flieht jetzt die Einsamkeit und sucht den belebenden Verkehr einiger enthusiastischer Künstler. Jeden Abend kann man Robert im ‹Kaffeebaum› an seinem Tisch finden: ein Glas Bier vor sich, eine Zigarre im Munde und eingehüllt

*Die Ecke der «Davidsbündler» im «Kaffeebaum»*

*Das Restaurant «Kaffeebaum» in Leipzig*

in eine Rauchwolke. Sein leidenschaftlicher Eifer und seine Ironie ziehen die Menschen an; sein gelegentliches Versinken in melancholisches Schweigen, das ihn mit dem Geheimnis des Genies umgibt, hält sie fest. Da thront Wieck in der ganzen Überlegenheit des berühmten Lehrers und gibt seine kraftvollen, manchmal etwas brutalen Ansichten zum besten. Da ist der alte Klavierspieler Knorr, ein Zigeuner voller Ideen und phantastischer Einfälle, ferner Lyser, der Maler, der die *Tausend und eine Nacht des Nordens* geschrieben hat, sich aber auch als Musiker und Theatermann betätigt, sowie der schöne und von Schwindsucht unterhöhlte Schuncke, die alle bis spät in die Nacht mit ihm diskutieren. Die Stammgäste des ‹Kaffeebaums› sitzen um sie herum: Musiker, Dichter, Journalisten — lauter heute vergessene Namen —, die alle leidenschaftliche Liebhaber der Musik, der kühnsten und echtesten Musik, sind. Alle sind Schumanns Gesinnungsgenossen; und alle haben die gleichen Ansichten und den gleichen Ehrgeiz.

Es ist Schumann, der in dieser Gruppe den Plan einer modernen Musikzeitschrift entwirft, und zwar in dem Augenblick, wo in Paris die *Gazette Musicale*, die Berlioz und Liszt zu ihren Mitarbeitern zählt, eine Revolution des Geschmacks vorbereitet. Die Musiker bemächtigen sich der Kritik, und das Genie nimmt das Recht zur Beurteilung des Genies ausschließlich für sich allein in Anspruch. Die musikalische Kritik in Deutschland ist damals vertreten durch einen alten Offizier, einen Beamten und einen Pfarrer — lauter engstirnige, neidische Leute und Verleumder der Schönheit; aber sie entscheiden über Ruhm und Erfolg. Ihr Mangel an Geschmack wie an Aufrichtigkeit ist unfehlbar und erstickt jede Stimme, die gegen ihr tristes Ideal rebellieren möchte. Als Schumann selber 1831 in der *Allgemeinen Musikalischen Zeitung* einen Artikel über Chopin mit den Worten beginnt: «Hut ab, meine Herren, hier ist ein Genie!», verzichtet das würdevolle Blatt auf seine weitere Mitarbeit. In der ganzen musikalischen Welt regieren die *Philister*. Alle wichtigen Stellungen — nicht nur die Zeitschriften, sondern auch die Verlage, die Dirigentenpulte — sind in ihren Händen. Auf der Opernbühne herrschen Rossini und die Italiener — *diese Kanarienvögel*, wie Schumann sie nennt. Am Klavier hört man nur Herz und Hünten. Wer sind diese Leute? Chopin und Mendelssohn beginnen Erfolg zu haben, üben aber keinerlei Einfluß aus. Auf den Konzertprogrammen bekommt man lediglich die Namen von Thalberg und Hummel vorgesetzt. Bach und Beethoven sind verbannt; und Schubert wie Weber sind, kaum verschwunden, auch schon vergessen.

Die Jugend und das Talent verlangen nach einer Kriegsmaschine, die vor allem zunächst einmal jenen lächerlichen Zensoren, die nur Sarkasmen für das Genie übrig haben, ihr monopolisiertes Handwerk legt. Und Schumann, ein junger unbekannter Komponist, ist es, der

*Berlioz. Zeichnung von A. Legros*

*Chopin. Zeichnung von Winterhalter*

*Ernestine von Fricken*

die *Neue Zeitschrift für Musik* gründet und den musikalischen ‹Sturm und Drang› der ‹Davidsbündler› zum Angriff führt. Die ‹Davidsbündler›: welches geheimnisvolle Band schlingt sich um die toten und lebenden Mitglieder dieses Bundes? um die durchaus wirklichen Stammgäste des ‹Kaffeebaums› und die andern imaginären Personen? Wer sind diese Eusebius, Florestan, Raro, Serpentinus, Juvenalis? Wer sind Jeanquirit und Saint-Diamond, Estrella und Zilia? Was bezweckt dieser Verein mit den Dichtung und Wahrheit so humoristisch verbindenden Aufsätzen seiner neuen Zeitschrift, die in diesem von Gesellschaften, Ligen und Verschwörern wimmelnden Deutschland erscheint?

Später gesteht Schumann in der Vorrede zu seinen gesammelten Schriften, daß dieser Verein *ein mehr als geheimer war, nämlich nur*

*Clara Wieck*

*Henriette Voigt*

*in dem Kopf seines Stifters existierte. Es schien, verschiedene Ansichten der Kunstschauung zur Aussprache zu bringen, nicht unpassend, gegensätzliche Künstlercharaktere zu erfinden, von denen* Florestan *und* Eusebius *die bedeutendsten waren, zwischen denen vermittelnd Meister* Raro *stand.*

Aber die ‹Davidsbündler› sind mehr als eine Mystifikation und ein Bürgerschreck und mehr als der phantastische Einfall eines jungen Kritikers. Selbst wenn sie lediglich in Schumanns Geist existiert hätten, würden sie ihre höchst bedeutsame Realität haben. Sie sind zweierlei zugleich: Personifizierungen der verschiedenen und oft widersprechenden Tendenzen und Stimmungen des Komponisten, sowie eine geistige Familie, in der er als unter Seinesgleichen lebt und atmet. Bach, Mozart und Beethoven gehören zu ihr, wie auch der Franzose Berlioz und der Pole Chopin, ohne daß sie es selber je erfahren hätten. Die Gefährten des ‹Kaffeebaums› gehören als Gründer und Mitarbeiter der ‹Zeitschrift› ebenfalls zu dieser Familie: Wieck unter dem Namen Raro (ein Name, den Schumann auch dem Schiedsrichter zwischen seinen verschiedenen auseinanderstrebenden ‹Ichs› verleiht), ferner Schunke, Lyser und Heller (der geheimnisvolle Pariser Korrespondent der *Zeitschrift* Jeanquirit), ferner Mendelssohn (Meritis) und der noch ganz unbekannte Richard Wagner, der sehr bissige Rezensionen beisteuert. Die Gesellschaft hat auch ihre Musen: Livia ist Henriette Voigt, die *Seele in a moll,* der Schumann, wie einst der Agnes Carus, eine fast verliebte Zärtlichkeit entgegenbringt. Estrella ist Ernestine von Fricken, mit der Robert sich für kurze Zeit verlobt. Hinter den beiden Namen Chiarina und Zilia verbirgt sich das gleiche junge Mädchen, Clara Wieck — jenes pianistische Wunderkind, das unsern Schumann von der Vortrefflichkeit der Lehrmethode ihres Vaters überzeugt hatte und deren Auftreten er in seinem *Carnaval* mit einem *appassionato con molto animo* unterstreicht.

An die Truppe der ‹Davidsbündler›, der es obliegt, ‹den musikalischen und andern Philistern den Garaus zu machen›, richtet Wieck-Raro, wie ein General vor der Schlacht, in der Zeitschrift folgenden Aufruf: «*Jünglinge, ihr habt einen langen, schweren Gang vor euch. Es schwebt eine seltsame Röte am Himmel, ob Abend- oder Morgenröte weiß ich nicht. Schafft fürs Licht!*»

Aus diesem ‹Licht› wird Schumann das Morgenrot der musikalischen Romantik und ihrer unbestrittenen Herrschaft schaffen. Wir geben ein paar Beispiele von den so leidenschaftlich überzeugten und so begabten Angriffen, mit denen der junge Paladin die Nullen vernichtet und den falschen Berühmtheiten die Maske vom Gesicht reißt:

*Für jede Stufe der Bildung sollen Werke dasein ... Nur für das Heuchlerische, das Häßliche, das sich in reizende Schleier hüllt, soll die Kunst kein Spiegelbild haben. Wäre der Kampf nur nicht zu unwürdig! — Doch jenen Vielschreibern, deren Werkzahl sich nach der Bezahlung richtet (es gibt berühmte Namen darunter) ... muß mit aller Kraft entgegengetreten werden.*

Über eine *Phantasie* von Heinrich Cramer:

*An der ‹Phantasie› ist nichts zu verwundern, als daß sie vom Komponisten festgehalten und aufgeschrieben wurde ... Kömmt noch die Zeit einmal, — die wohl namentlich von den Verlegern verwünscht werden möchte, weil jeder Spieler da sein eigner Drucker und Verleger würde, — die Zeit nämlich, wo am Instrument angebrachte Kopiermaschinen das Gespielte heimlich nachschreiben, so werden solche Phantasien zu Millionen auftauchen.*

Bei Erscheinen von Czernys op. 300:

*Herrn Czerny kann man nicht einholen, mit aller kritischen Schnelligkeit. Hätte ich Feinde, nichts als solche Musik gäb' ich ihnen zu hören, sie zu vernichten.*

Über Thalberg:

*Die Kompositionen Thalbergs sind in diesen Blättern immer mit einer besonderen Strenge besprochen worden, und nur darum, weil wir in ihm auch Kompositionstalent vermuteten, das nur in der Eitelkeit des Virtuosen unterzugehen drohte. Diesmal entwaffnet er uns aber vollkommen. Sein Stück reicht gar nicht bis zum Standpunkt, von dem aus wir in diesem Konzertzyklus urteilen.*

Über einen Herrn Ruckgaber:

*Die so gerne von einer Verschmelzung von Deutsch und Italienisch sprechen, können ihre Träume hier verwirklicht hören. Nehmt einen Baß mit einer Triolenfigur in der Dezimenlage, ersinnt dazu eine Melodie, werft einige schwindsüchtige Vorhalte hinein, und die deutsch-italienische Schule ist fertig.*

Über die *Hugenotten* von Meyerbeer, welche die Kritik neben den *Fidelio* stellt, folgende ausführliche Analyse, die eine wahre Kriegsansage an den herrschenden Geschmack bedeutet:

*Verblüffen oder Kitzeln ist Meyerbeers höchster Wahlspruch, und es gelingt ihm auch beim Janhagel . . . Einigen Esprit kann man ihm leider nicht absprechen, . . . wie er auch einen großen Reichtum an Formen hat. Mit leichter Mühe kann man Rossini, Mozart, Hérold, Weber, Bellini, sogar Spohr, kurz, die gesamte Musik nachweisen . . . Wahrhaftig, und der Herr sei gelobt, wir stehen am Ziel, es kann nicht ärger kommen, man müßte denn die Bühne zu einem Galgen machen.*

In noch schlimmeren Fällen wird Schumann lakonisch:

*«Der Prophet» von Meyerbeer*
2. Februar 1850
†

Zu solcher Kampfeshitze läßt sich der geborene Träumer entflammen. Aber es bleibt nicht bei witzigen, satirischen Epigrammen. Auch die kürzeste Analyse ist ebenso gerecht wie treffend. Nie läßt der Kritiker sich von seinem Temperament hinreißen; sein Tadel und seine Verachtung bleiben immer maßvoll.

Außerdem versteht Schumann es ebensogut, Lob und Einschränkung mit geschickter Hand zu mischen. Über eine *Ouverture* des Engländers Bennett, der keine große aber eine sehr feinfühlige Begabung ist, schreibt er:

*Wer sie noch nicht gehört, mag sie sich einstweilen als einen Blumenstrauß denken; Spohr gab Blumen dazu, auch Weber und Mendelssohn, die meisten aber Bennett selbst; und wie er sie nun mit zarter Hand geordnet und gestellt zum Ganzen, gehört ihm vollends zu eigen . . . Nicht das Tiefsinnige, Großartige ist es, was uns hier Gedanken weckt und imponiert, sondern das Feine, Spielende, oft Elfenähnliche, das seine kleinen aber tiefen Spuren in unserm Herzen zurückläßt.*

Von einem der letzten Werke Hummels, der früher neben den Größten genannt wurde, dann aber in den Schatten trat, heißt es:

# Neue
# Zeitschrift für Musik.

Herausgegeben
durch einen
**Verein von Künstlern und Kunstfreunden.**

**Erster Band.**
(April bis December 1834.)

**Mit Beiträgen**
von

C. Alexander, C. Banck, C. F. Becker, L. Böhner, A. Bürck, den Davids-
bündlern, Dr. Glock, Dr. Heinroth, J. Knorr, Ritter A. Kretschmer, J. C.
Lobe, J. P. Lyser, J. Mainzer, G. Nauenburg, H. Panofka, L. Rellstab,
R. Schumann, L. Schunke, Dr. C. Seidel, Dr. K. Stein, Dr. F. Stöpel,
F. Wieck u. m. A.

**Leipzig,**
bei Joh. Ambr. Barth.

*Sollte diese helle Art zu denken und zu dichten vielleicht einmal
durch eine formlosere, mystische verdrängt werden, wie es die Zeit
will, die ihre Schatten auch auf die Kunst wirft, so mögen dennoch
jene schönen Kunstalter nicht vergessen werden, die Mozart regier-
te, und die zuerst Beethoven schüttelte in den Fugen, daß es bebte.*

Auf seinem Kriegszug gegen die Philister hält Schumann häufig
inne, um irgendeinen idealen Mitkämpfer zu ermutigen. Nie gab
es jemanden, der von Natur und Neigung so wenig negativ war.

Im Gegenteil! dieser Polemiker wider Willen ist stets zu Beifall und Bewunderung bereit und gesteht selber, daß er sich nur allzu leicht verleiten lasse, von bloßer Zustimmung zu Lobeserhebungen überzugehen.

In der Begeisterung enthüllt sich für ihn die wahre Rolle des Kritikers. Schumann hat mit großem Feingefühl die Schwierigkeiten aufgezeigt, mit denen eine musikalische Kritik zu ringen hat, die sich nicht mit einer rein äußerlichen Beschreibung oder einer bloßen Berufung auf theoretische und dabei doch so schwankende Regeln begnügen will. Sie kann ihre Behauptungen nicht beweisen, da die Natur ihres Gegenstandes ihr keinerlei Maßstab an die Hand gibt.

*Die Musik ist die Waise, deren Vater und Mutter keiner nennen kann ... Es besitzt der Mensch eine eigene Scheu vor der Arbeitsstätte des Genius ... Wir würden schreckliche Dinge erfahren, wenn wir bei allen Werken bis auf den Grund ihrer Entstehung sehen könnten.*

Was also sind die Mittel und Ziele einer Kritik, die diesen Namen verdient: *Wir wollen,* schreibt Schumann, *allerdings gestehen, daß wir für die höchste Kritik halten, die durch sich selbst einen Eindruck hinterläßt, dem gleich, den das anregende Original hervorbringt.*

Mit andern Worten: die Kritik, statt eine fälschlich zerstückelnde Erklärung anzustreben, soll selber ein Kunstwerk sein, das den Geist des musikalischen Werkes als ein Ganzes widerspiegelt und erläutert. Sie wendet sich, wie die Musik selber, an das Gefühl, den Geschmack, die Sympathie des Lesers.

In diesem Sinne wählte Schumann für die ihm wichtigsten Beiträge die freieste, persönlichste und lebendig-ungezwungenste Form. Es handelt sich bei ihm nie um das Sichgehenlassen eines Anfängers noch um eine temperamentvolle Hemmungslosigkeit, sondern stets um die überlegte Wahl des angemessensten und überzeugendsten Stiles. Die Romantiker waren überhaupt ebenso bahnbrechende und scharfsichtige Kritiker wie wagemutige Schöpfer. In der Musik hatte E. T. A. Hoffmann — er komponierte auch selber — die leidenschaftlich subjektive Kritik eingeführt, die Schumann dann auf den Gipfel der Vollendung brachte. Mit seiner poetischen Begabung, seiner großen Eindrucksfähigkeit und hochentwickelten musikalischen Kultur wurde er der Vorläufer jener «Kunst», zu der die Kritik sich nach und nach entwickelte.

Die geißelnden oder enthusiastischen Artikel, die sprühenden Unterhaltungen von Eusebius, Florestan und Raro, die innigen und ge-

legentlich durch eine ironische Bemerkung gewürzten Träumereien,
sowie zahllose komische Einfälle vermitteln die geliebten Werke je-
weils als ein Ganzes, statt sie einer trockenen Analyse zu unterwer-
fen.

*Die Wut über den verlorenen Groschen. Rondo von Beethoven:
Etwas Lustigeres gibt es schwerlich als diese Schnurre. Hab' ich doch
in einem Zug lachen müssen, als ich's neulich zum ersten Male spielte... Oh, es ist die liebenswürdigste, ohnmächtigste Wut, jener
ähnlich, wenn man einen Stiefel nicht von den Sohlen herunterbrin-
gen kann und nun schwitzt und stampft, während der ganz phleg-
matisch zu dem Inhaber oben hinaufsieht. — Aber hab' ich euch endlich einmal, Beethovener! Wenn ihr außer euch seid und die Augen
verdreht und ganz überschwänglich sagt: Beethoven wolle stets nur
das Überschwängliche, von Sternen zu Sternen flieg' er, los des Ir-
dischen. ‹Heute bin ich einmal recht aufgeknöpft›, hieß sein Lieb-
lingsausdruck, wenn es lustig um ihn herging. Und dann lachte er
wie ein Löwe und schlug um sich, — denn er zeigte sich unbändig
überall.*

Im Hinblick auf ein geplantes Beethovendenkmal heißt es: *Ich
gehe langsam zum Schwarzspanierhause No. 200, die Treppen hinauf; atemlos ist alles um mich; ich trete in sein Zimmer: er richtet
sich auf, ein Löwe, die Krone auf dem Haupt, einen Splitter in der
Tatze. Er spricht von seinen Leiden. In derselben Minute wandeln tausend Entzückte unter den Tempelsäulen seiner c-Moll Sinfonie. —
Aber die Wände möchten auseinanderfallen; es verlangt ihn hinaus: er klagt, wie man ihn so allein ließe, sich wenig um ihn beküm-
mere. In diesem Moment ruhen die Bässe auf jenem tiefsten Ton im
Scherzo der Sinfonie; kein Odemzug: an einem Haarseil über einer
unergründlichen Tiefe hängen die tausend Herzen, und nun reißt
es, und die Herrlichkeit der höchsten Dinge baut sich Regenbogen
über Regenbogen aneinander auf. — Wir aber rennen durch die Stra-
ßen: niemand, der ihn kennte, der ihn grüßte. Also feiertet ihr ihn
im Leben; kein Begleiter, keine Begleiterin bot sich ihm an...*

Nach einer Aufführung von Berlioz' *Symphonie Fantastique*
macht Florestan, auf dem Flügel hockend, seiner Begeisterung in ein
paar lapidaren Sätzen Luft, worauf Meister Raro einen allzu scharfen Seitenhieb mit einer Ermahnung zum Maßhalten pariert. Jo-
nathan unterbricht ihn, und Eusebius gibt schließlich eine genaue
Analyse des Werks, die zunächst die Unzulänglichkeit einer bloßen
Kritik aufzeigt, dann die oberflächlicheren Geister mit einigen Gip-

*Clara Wieck am Klavier*

felstellen des Werkes bekannt macht und schließlich denjenigen, die ihm ihre Bewunderung versagen, beweist, daß diese moderne Schöpfung trotz aller Nichtachtung für die hergebrachten Kompositionsregeln einen soliden Aufbau und einen lückenlosen inneren Zusammenhang besitzt.

Eine so neuartige Kritik erobert sich rasch das Publikum, zumal das junge. Sehr bald hat die *Zeitschrift* genügend Abonnenten, um ohne Angst der Zukunft ins Auge sehen zu können. Ihr Einfluß wächst immer mehr, bis sie zum Sammelpunkt aller jungen Talente wird

Ihre Leitung ist für Schumann, der sie zunächst gemeinsam mit Wieck und dann allein versieht, eine schwere Aufgabe. Trotz einer Gruppe glänzender Mitarbeiter schreibt er selbst eine große Anzahl Artikel. Zehn Jahre hindurch opfert er einen beträchtlichen Teil seiner Zeit diesem Kreuzzug, dieser musikalischen Verschwörung, die er «wie einen jungen selbstgepflanzten Obstbaum liebt».

## ZWEI MENSCHEN, DIE SICH LIEBEN

*Liebe, verehrte Clara!*
*— . — Ich weiß, Sie sind ein denkender Kopf und verstehen Ihren alten, mondscheinsüchtigen Charadenaufgeber — also, liebe Clara! Ich denke oft an Sie, nicht wie der Bruder an seine Schwester oder der Freund an die Freundin, sondern etwa wie ein Pilgrim an das ferne Altarbild; ich war während Ihrer Abwesenheit in Arabien, um alle Märchen zu erzählen, die Ihnen gefallen könnten — sechs neue Doppelgängergeschichten, 101 Charaden, acht spaßhafte Rätsel und dann die entsetzlich schönen Räubergeschichten und die vom weißen Geist — hu, wie's mich schüttelt! ... Das Papier geht zu Ende. — Alles geht zu Ende, nur nicht die Freundschaft, mit welcher ich bin*
*Fräulein C. W.'s wärmster Verehrer*
*R. S.*

Clara ist jetzt dreizehn Jahre alt: ein sehr ungewöhnliches Kind, scheu und mit wunderschönen Augen. Robert ist ihr großer Freund. Er hat zwei Jahre lang bei Wieck gewohnt, und beide, das kleine Mädchen und der junge Mann, haben nach beendeten Übungsstunden regelmäßig ausgelassen miteinander gespielt oder haben gemeinsam lange Spaziergänge gemacht. Schumanns Tagebuch spricht ständig von ihr:

*Clara ist hübscher und größer geworden ... Clara kindisch einfältig ... Clara und ich Arm in Arm ... Clara war albern und ängstlich ...*

Dies kleine Mädchen aber ist bereits eine große Künstlerin. Sie glänzt auf ihren Konzertreisen, die der seiner Freundin beraubte Robert als schmerzliche Lücken in seinem Leben empfindet. Von Stadt zu Stadt und von Hof zu Hof erntet sie Bewunderung. Goethe erklärt, daß sie «mehr Kraft habe als sechs Knaben zusammen», und verehrt ihr sein Bildnis mit einer schmeichelhaften Widmung. Ein Zeitgenosse rühmt von ihr, daß «unter ihren Fingern das Klavier

Farbe und Leben bekomme». Ihr geniales Spiel gibt ihrer Jugend etwas feenhaft Geheimnisvolles, und jeder wird von der seltsam frühen Reife und dem natürlich-unbefangenen Liebreiz dieses Kindes bezaubert.

*Man könnte Clara, wie sie sich zu Haus gibt — unbefangen und kindlich gegen den Vater und ihre Umgebungen, beim ersten Blick für ein ganz liebenswürdiges dreizehnjähriges Mädchen und weiter nichts halten. Aber beobachtet man sie genauer, da zeigt sich alles anders. Das feine hübsche Gesichtchen mit den etwas fremdartig geschnittenen Augen, der freundliche Mund mit dem sentimentalen Zug, der dann und wann etwas spöttisch oder schmerzlich — besonders wenn sie antwortet — sich verzieht, dazu das Graziös-Nachlässige in ihren Bewegungen — nicht studiert, aber weit über ihre Jahre hinausgehend — Das Alles, ich gesteh' es offen, als ich es sah, erregte in mir ein ganz eigentümliches Gefühl. Es ist, als wisse das Kind eine lange aus Lust und Schmerz gewobene Geschichte zu erzählen und dennoch — was weiß sie? Musik.*

So beschreibt der Davidsbündler Lyser sie in der Zeitschrift *Cecilia*. Mehr als alle andern unterliegt Schumann diesem Zauber. Die Zärtlichkeit des ‹närrischen Erfinders von Charaden› für das kleine Mädchen, das seinen abstrusen Geschichten von Doppelgängern, Gift und Pistolen blindlings glaubt, erhöht sich zur leidenschaftlichen Bewunderung für das geniale Kind, das ‹seinen ruhigen Blick› in die erhabensten Mysterien der Kunst versenkt, ‹deren Glanz einen Mann vielleicht geblendet hätte›. Ohne Neid sieht er sich als Virtuose von seiner jungen Freundin übertroffen und weiht als Komponist der geistvollen Deuterin seiner Werke eine bewundernde Verehrung:

*Clara spielt himmlisch ... So wie heute habe ich Clara nie spielen hören — da war alles meisterlich und alles schön. Auch die Papillons spielte sie fast noch schöner als gestern ... Daheim gespielt und komponiert an den Intermezzis. Ich will sie Clara widmen.*

Die Romantiker haben von solchen Kinderliebschaften und ihrer magisch-unaussprechlichen Unwirklichkeit geträumt. So hat Novalis seine *Hymnen an die Nacht,* diesen schönsten Liebes- und Todesgesang der deutschen Romantik, einem mit fünfzehn Jahren gestorbenen Kinde, Sophie von Kühn, gewidmet. Geschichten, Gedichte und Bilder dieser Zeit sind voll von Elfenkindern und Magierkindern, deren himmlische Unbefangenheit Einblick hat in die tiefsten Mysterien. Die Liebe allein vermag den Weg in dies verzauberte Land zurückzufinden, dem das Heimweh aller Romantiker gilt. Schumann hat das hohe Glück genossen, diese Pilgerfahrt zu den Quellen des Lebens und der Dichtung Hand in Hand mit einem musikalisch-genialen Engelkinde zurückzulegen.

*Clara Wieck.*
*Gemälde eines unbekannten Malers*

*Das alte Konservatorium in Leipzig*

In jenen Jahren des Zweifelns und des Suchens nach sich selber findet Schumann in Clara die Lebensfreude, die Kraft und die Heiterkeit, deren seine Kunst bedarf. *Es macht Freude,* schreibt er 1833 an seine Mutter, *wie sich ihre Herzens- und Geistesanlagen jetzt immer schneller, aber gleichsam Blatt für Blatt entwickeln. Als wir neulich zusammen von Connewitz heimgingen, hörte ich, wie sie für sich sagte: ‹O wie glücklich bin ich! wie glücklich!› Wer hört das nicht gern! — Auf demselben Weg stehen sehr unnütze Steine mitten im Fußsteg. Wie es nun trifft, daß ich oft im Gespräch mit andern mehr auf- als niedersehe, geht sie immer hinter mir und zupft an jedem Stein leise am Rock, daß ich ja nicht falle. Einstweilen fällt sie selbst darüber...*
Nach jeder Trennung, bei jedem Wiedersehen werden Schumanns Gefühle leidenschaftlicher. Als Clara im April 1835 aus Paris zurückkommt, ist sie sechzehn Jahre alt; und Robert, der herbeigeeilt ist, sie zu begrüßen, begreift plötzlich, daß er sie liebt. Diese so jäh sich enthüllende Liebe glaubt Schumann von jeher empfunden zu haben. *Eine Einzige hat mein Leben beherrscht,* schreibt er ein wenig später an Clara. Eusebius ist ehrlich: sicher haben weder die jungen Mädchen, mit denen Florestan scherzte, noch Agnes Carus oder Henriette Voigt ihn so tief beeindruckt wie dieses Kind. Im Augenblick aber der ersten Geständnisse, des ersten Kusses und der ersten Zärtlichkeiten ist Eusebius — oder ist es der leichtsinnige Florestan? oder der allzu vernünftige Raro? — kurzum, Robert ist bereits mit einer anderen verlobt. Im voraufgegangenen Jahre, noch ganz zerstört von der schrecklichen Krise des Jahres 1833 und innig

nach einer zärtlichen mitfühlenden Seele verlangend, hatte er sein insgeheim schon ganz von Clara beschlagnahmtes Herz an Ernestine von Fricken, *ein Mädchen, so gut, wie die Welt je eines getragen,* verschenkt. Er hatte dem liebenswürdigen aber banalen Geschöpf alle Gaben einer romantischen Geliebten: madonnenhafte Reinheit, Herzensgüte und Liebe zur Musik, verliehen und hatte sich nach und nach in eine willkommene aber etwas gekünstelte Begeisterung hineingesteigert, so daß er, verleitet durch ihre dichterisch verklärten Reize und ihre aufrichtige Neigung, glaubte, jene ihn ein wenig behütende und bemutternde Geliebte gefunden zu haben, nach der er sich von jeher gesehnt hatte. Alle Umstände begünstigen dieses Idyll: Henriette Voigt fördert es, und Wieck, Ernestines Lehrer und Freund des Hauses, sendet Herrn von Fricken ein Urteil über Schumann, das festgehalten zu werden verdient:

*Wieviel müßte ich schreiben, um diesen etwas launigen, störrischen, aber noblen, herrlichen, schwärmerischen, hochbegabten, bis ins Tiefste geistig ausgebildeten genialen Tonsetzer und Schriftsteller näher zu beschreiben.*

Aus dieser Zeit stammt der *Carneval op. 9, scènes mignonnes sur quatre notes*: ein Maskenfest, unter dessen phantastischen oder rätselvollen Personen zum ersten Mal auch die schattenhaften Gestalten von Eusebius und Florestan auftauchen. Zum ersten Mal findet Schumann in voller Klarheit einen musikalischen Ausdruck für seine Doppelnatur, die sich bereits deutlich, wenn auch noch unbewußt, in den *Papillons* meldet. Fortan wird man das schwermütige *Adagio* seiner einen und das *Appassionato* seiner andern ‹Natur› als unverkennbare Wesenszüge in allen Schumannschen Werken wiederfinden.

Der *Carneval* ist das erste Werk, in welchem sich Schumanns Genie nach seinem ganzen Umfang offenbart. Die von dem majestätischen *Vorspiel* und dem Marsch der *Davidsbündler* eingerahmten achtzehn Episoden bezeugen die erstaunlich abwechslungsreiche Fülle seiner musikalischen Phantasie. Die vier Noten, die sich als Gerüst in sämtlichen Einzelstücken wiederfinden, geben Gelegenheit zu den überraschendsten Abwandlungen. Wie in den *Abegg-Variationen* handelt es sich auch hier um das Spiel mit einem Namen; denn Asch (a—es—c—h) ist der *hochmusikalische Name* des von Frickenschen Familienguts. In dem Stück *Sphinxes* spielen diese unspielbaren Noten stumm und geheimnisvoll mit einem Rätsel, indem sie den Namen *Asch* mit Schumanns eignem Namen verbinden und sich in den *tanzenden Lettern* ausleben. Ein phantastischer, aus

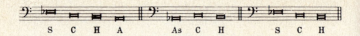

S  C  H  A      As  C  H      S  C  H

*transzendentaler Bouffonnerie,* Parodie und Träumerei gemischter Wirbel läßt einen ganzen Zug von Masken und Gestalten aus sich hervorgehen: Pierrot und Harlekin, Chopin und Paganini, Chiarina und Estrella neben Eusebius und Florestan. Sie kreuzen sich und folgen einander in einer *Promenade* und vereinen sich zu einer *Valse noble;* auf eine *Reconnaissance* folgt ein *Aveu;* das ungelöst bleibende Rätsel der *Sphinxes* hat einen zärtlichen Sinn... Zum Schluß versammeln sich sämtliche Masken zu einem kriegerischen Karnevalsmarsch, wodurch sie sich als jene Davidsbündler enthüllen, die gegen die Philister einen hinreißend witzigen, impertinent-herablassenden triumphalen Angriff führen.

Ernestines Vater, der zu seinem Vergnügen die Flöte bläst, legt Schumann ein musikalisches Thema vor: eine einfache, allerdings sehr schöne Melodie, die der Komponist unter Benutzung sämtlicher orchestralen Wirkungsmöglichkeiten des Klaviers zu einem Werke ausbaut, das seinem Namen in jeder Hinsicht Ehre macht: es sind die *Symphonischen Etüden.* Von entliehenen Themen ausgehend — das Thema des *Finale* stammt aus einer Oper von Marschner — schafft Schumann ein durchaus originales Werk von höchster Folgerichtigkeit, das mit seinem äußerlichen Anlaß kaum noch etwas zu tun hat. Diese *Symphonischen Etüden* verlangen zweifellos eine «transzendente» Virtuosität, aber die technischen Schwierigkeiten bleiben stets dem alles beherrschenden Ausdrucksverlangen untergeordnet; hat doch Schumann selbst lange Zeit diese Etüden «pathetische» Variationen genannt.

Die erste Etüde hat vorwiegend rhythmischen Charakter, der durch das abwechselnde *Legato* und *Staccato* noch betont wird; die zweite ergeht sich in einer schlicht begleiteten Melodie; die dritte erinnert an die unermüdlichen Arpeggien Paganinis. Die waghalsigen Sprünge der linken Hand in der sechsten Etüde, die ausdrucksreiche Polyphonie der achten Etüde, die raschen Akkordfolgen, die ‹Hochspannung› der zehnten Etüde erschöpfen die ganze Fülle pianistischer Möglichkeiten.

Der *Carnaval,* in jugendlicher Liebesleidenschaft geschrieben, ist dem Geiger Karl Lipinski gewidmet, während die *Symphonischen Etüden* über das Thema des Herrn von Fricken dem englischen Komponisten Bennett zugeeignet sind. Und Ernestine? Trotz seiner verliebten Illusionen ist Schumann, obschon er wiederholt nach Asch fuhr, doch nicht so weit gegangen, sich ernstlich um die Hand des

*Titelseite der Sonate op. 11*

jungen Mädchens zu bewerben. Ein Brief an seine Mutter läßt uns einen Einblick in die unbewußten Hemmungen dieses gutgläubig sich und das Mädchen täuschenden Liebhabers tun:

*Richtet die Zukunft an mich die Frage: Wen würdest Du wählen? — Ich würde fest antworten: Diese. Aber wie weit liegt das, und wie verzichte ich schon jetzt auf die Aussicht einer engeren Verbindung, so leicht sie mir vielleicht werden würde.*

Als Schumann im April 1835 Clara wiedersieht, wird ihm klar, daß Ernestine ihn nur darauf vorbereitet hat, Clara als unbeschränkte Herrin seines Herzens anzuerkennen. *Ernestine mußte kommen, damit wir vereint würden*, schreibt er später; und anderswo heißt es: *Ernestine weiß recht gut, daß sie dich erst aus meinem Herzen verdrängt hat, das dich liebte, ehe ich Ernestine kannte.*

Arme Ernestine! die sich mit der undankbaren Rolle des Gärtners in der *Elektra* begnügen und sich bescheiden muß, den einander vorbestimmten Seelen zu helfen, sich zu finden. Robert, der seine Schuld fühlt, aber in dieser ersten Zeit einer erwiderten Liebe nicht heucheln kann, nimmt sein Wort zurück, während Ernestine sich mit liebenswürdiger Bereitwilligkeit zurückzieht. Das Zwischenspiel ist zu Ende.

Im Laufe des Sommers war der zärtlich-intime Ton der zwischen Robert und Clara gewechselten Briefe immer leidenschaftlicher geworden. Der Herbst ist herrlich-milde, und die wiederkehrenden täglichen Begegnungen haben jetzt einen tieferen und beglückenderen Sinn bekommen. *Claras Augen und ihre Liebe ...*, notiert Schumann in seinem Tagebuch — nur diesen Ausruf; so sehr übersteigen seine Liebe und sein Glück alles, was sich durch Worte ausdrücken läßt. In der *Zeitschrift* aber macht sein Überschwang sich Luft in den anonymen und verschleiernden *Schwärmerbriefen an Chiara.*

Im Februar 1836 stirbt Christina Schumann; und jetzt überstürzt sich die Entwicklung der Gefühle des nun ganz vereinsamten jungen Menschen.

Die seit langem begonnene *Sonate in fis-Moll op. 11* ist — «durch Eusebius und Florestan» — Clara gewidmet. In ihr überstürzen sich Schumanns Einfälle in solcher Fülle und mit solcher Gewalt, daß die strenge Sonatenform sie kaum bemeistern kann. Das Werk ist daher weniger architektonisch als rhapsodisch und weniger komponiert als improvisiert, was seiner Schönheit jedoch keinen Abbruch tut. Eine Einleitung in Form einer lang ausgesponnenen und dunkle Tiefen berührenden Melodie geht dem tanzähnlichen *Allegro vivace* voraus. Ein unablässig sich gleichbleibender Rhythmus trägt die ständig miteinander widerstreitenden Einzelteile, erhebt sich plötzlich zu strahlenden Aufschwüngen, nimmt sämtliche Register des Klaviers in Anspruch und reißt eine Schar unsichtbarer Tänzer in seinem wilden Trubel mit sich fort. Ganz anders die *Aria*, ein Lied ohne Worte, dessen innige Lyrik sich von der verzweifelten Zerrissenheit gewisser Spätwerke noch fernhält. Ein kontrastreiches *Scherzo* und ein *Intermezzo alla burla* leiten über zum *Finale*, dessen durch ausgedehnte Wiederholungen übertriebene Länge beängstigend ho-

*Das Alte Theater in Leipzig*

he Anforderungen an die Ausdauer einer erst sechzehnjährigen Pianistin stellt.

Aus dieser Zeit stammt auch die *Sonate in f-Moll op. 14*, die der Verleger Haslinger ein «Konzert ohne Orchester» genannt hat, sowie ein Teil der *Sonate in g-Moll*, die, obschon sie die Opuszahl 22 trägt, gewöhnlich als die «zweite» bezeichnet wird und an deren Vervollkommnung Schumann von 1830 bis 1838 ununterbrochen gearbeitet hat. Er hat sie Henriette Voigt gewidmet. Die *Sonate in g-Moll* verlangt ein entfesseltes Tempo, das innerhalb der einzelnen Teile noch gesteigert wird: *so schnell wie möglich, schneller, noch schneller*, bis die Welt der Töne sich in ein Rauschen und Beben auflöst. Das *Allegro* wird beherrscht von sehr betonten Akzenten und von den ständig miteinander abwechselnden kurzen und langen Motiven, während das *Scherzo* in ungebrochener Bewegung dahinströmt. Das *Andantino*, eine von Schumanns schönsten Erfindungen, ist ein zärtlich-beruhigtes Zwischenspiel, das durch seine Verhaltenheit nur um so nachhaltiger wirkt.

Das Finale nimmt die unterbrochene Bewegung wieder auf, die von dem raschen, schattenhaft-ungreifbaren Rhythmus der gebrochenen Oktaven getragen wird. Nach und nach werden die Farben leuchtender, die Spannung größer, die Bewegung mitreißender, und alles eilt unwiderstehlich seinem strahlenden Ende entgegen.

*Ich habe Vertrauen und glaube an unsern guten Genius. Seit langem kenne ich unser Schicksal . . .* Dies Schicksal, das Schumann mit so glühendem Vertrauen anruft, wird plötzlich von einem unbeugsamen Willen durchkreuzt: Wieck greift ein. Der zärtlich besorgte Vater und rücksichtsvolle Freund, unter dessen Augen jene Liebe sich entwickelt hatte, scheint plötzlich Gefahr zu wittern. Mit rascher Entschiedenheit schickt er Clara fort nach Dresden. Dies ist die erste jener schmerzlichen Trennungen, unter denen die jungen Liebenden vier Jahre lang werden leiden müssen.

Diese sehr bald grausam werdende Feindseligkeit ist dem wehrlosen Robert unbegreiflich: *Er zog mich so vor allen vor, ließ uns namentlich im Sommer 1835, wo er noch viel hätte verhindern können und wo er die in uns immer wachsende Liebe merken mußte, so lang gewähren, daß ich es auch da noch glaubte.*

Der arme, naive Eusebius! Er kann Wiecks harten und herrschsüchtigen Charakter nicht verstehen. Wieck hatte, wie jener Hoffmannsche Romanheld, mit geduldiger Sorgfalt aus seinem frühreifen und genialen Kinde einen mit allen Gaben und Reizen ausgestatteten Automaten gemacht. Clara war sein Meisterstück. Er hatte in ihr das musikalische Genie geweckt und genoß in ihr die seiner dürftigen Natur versagten Gaben. Und jetzt soll ein kleiner Musiker ihm dies Wunderwerk rauben? Und er soll zusehen, wie dieses erstaunliche Geschöpf der Liebe in die Falle geht und ihm alle seine Hoffnungen in einem banalen Frauenschicksal begräbt? Sollen Ehe und Mutterschaft in dieser Vestalin der Kunst all die Gaben zerstören, die ihren und ihres Schöpfers Ruhm bedeuten? Wieck hatte zwar sein Werk auf den Gipfel der Vollendung gebracht, hatte aber die Freuden des Stolzes, des Ehrgeizes, der klingenden Genugtuung, die er mit Recht für sich erwartete, keineswegs erschöpft. Ehe er sich um solche Erwartungen prellen ließ, war er entschlossen, in seiner Tochter alle menschlichen Regungen zu ersticken, ohne die grade ein künstlerisches Gemüt nicht leben kann. Der unversöhnliche, unbeherrschte, grausame Mann beginnt einen immer schärfer werdenden Kampf, der ihn schließlich vor keiner noch so schändlichen Niedertracht und keiner noch so erniedrigenden Handlung zurückschrecken läßt.

Von Anfang an ist Wieck brutal. Er verbietet jede Begegnung, jeden Brief. Clara muß ununterbrochen auf Tournee gehen und wird, wenn sie nach Leipzig zurückkommt, eifersüchtig von ihrem Vater bewacht, der öffentlich jede Verbindung mit Schumann abbricht, den ‹Kaffeebaum› nicht mehr besucht und der *Zeitschrift* seine Mitar-

Clara. Zeichnung von E. von Leyse

beit kündigt. Hartnäckig verfolgt er seinen ehemaligen Freund mit Verleumdungen und Beleidigungen und versucht eifrig, Zweifel und Zwietracht in die Herzen der jungen Menschen zu säen, indem er Clara den Ruin ihrer Karriere sowie die damit verbundene enge und armselige Existenz vor Augen hält und ihr klarmacht, daß sie als Schumanns Frau gezwungen sein werde, ‹in Galoschen und unter einem Regenschirm hinter Privatstunden herzulaufen›. Er findet einen willkommenen Nebenbuhler Schumanns in der Person des Cellisten Banck, den er übrigens sehr bald auch davonjagt. Schumann, behauptet er, sei flatterhaft — hat er nicht Ernestine sitzen lassen? — und unzuverlässig: die *Zeitschrift* erwähne Clara überhaupt nicht mehr, und eine humoristische Glosse über die Pianistin Ambrosia könne sehr wohl auf sie gemünzt sein.

Diese Hemmungslosigkeit bestärkt Schumann in seinem Willen, Clara zu gewinnen. Er ist seines Herzens, seines Genies und ihres gemeinsamen Schicksals sicher und zum hartnäckigsten Widerstand entschlossen. Gleichzeitig aber ist er völlig verblüfft und hofft immer noch, daß seine alte Freundschaft mit Wieck dessen Feindseligkeit entwaffnen werde. *Hätte ich deinem Vater etwas zuleide getan, nun, dann könnte er mich hassen; aber daß er aus gar keinem Grund auf mich schmäht und mich, wie du selbst sagst, haßt, das kann ich nicht einsehen. Aber es wird auch an mich die Reihe einmal kommen — und dann soll er sehen, wie ich ihn und dich liebe.*

Ohne jede Nachricht von Clara weiß er nicht, ob er zweifeln oder hoffen soll; und das ständige Schwanken zwischen Vertrauen und Mutlosigkeit untergräbt seine Gesundheit. Clara ihrerseits, die wehrlos die Zornausbrüche des geliebten und verehrten Vaters erdulden muß, wird gelegentlich schwach; und als Wieck im Juni 1836 von ihr verlangt, sie solle Robert seine Briefe und sogar die *Sonate in fis-Moll* zurückschicken, die Eusebius und Florestan ihr gewidmet haben, da gehorcht sie und schreibt den Brief, den der Vater ihr diktiert.

Für Robert ist dies ein furchtbarer Schlag. Dieser Brief ist ihm ein Beweis, daß Clara sich dem Vater unterwirft; und ganz verzweifelt versucht er, sie aufzugeben.

*Die dunkelste Zeit, wo ich gar nichts mehr von Dir wußte und Dich mit Gewalt vergessen wollte, war — ungefähr vor einem Jahr. Wir müssen um jene Zeit uns fremd gewesen sein. Ich hatte resigniert. Aber dann brach der alte Schmerz wieder auf — dann rang ich die Hände — da sagte ich oft des Nachts zu Gott: ‹nur das eine laß geduldig vorübergehen, ohne daß ich wahnsinnig werde›. Ich dachte einmal Deine Verlobung in den Zeitungen zu finden — da zog es mich am Nacken zu Boden, daß ich laut schrie . . .*

*Brief von Robert Schumann an Clara*

In Leipzig fühlt Robert schmerzlich seine Verlassenheit. Der alte Zusammenhalt der «Davidsbündler» ist durch die Zwistigkeiten der Führer erschüttert; er fühlt sich ihnen entfremdet. Sein treuer Freund Schuncke ist schwindsüchtig in Henriette Voigts Armen gestorben, und sie selbst stirbt bald danach an der gleichen Krankheit. So sucht Schumann Trost und womöglich Vergessen in der bisweilen ihn fast erdrückenden Arbeit an der *Zeitschrift*, die er jetzt allein leitet. Er zieht sich in seinen Kummer zurück und *spricht mit fast niemandem, außer gegen Abend, vor allem aber mit seinem Klavier*. Im Improvisieren, das er seit langem aufgegeben hat, findet sein geplagtes Gemüt Entspannung und zugleich den krankhaften Genuß eines Rauschgiftes. Hin und wieder nimmt er sogar zum Alkohol seine Zuflucht.

Aus dieser Zeit der Verzweiflung, die ihn an die Grenze des Wahnsinns bringt, stammt die große *Phantasie op. 17*, die in ihrem Schmerz, ihrem Verzicht und ihrer Hoffnung zu den schönsten Werken der gesamten Klavierliteratur gehört. Schumann hatte dies Werk 1836 begonnen und wollte es ursprünglich als seinen Beitrag zu dem auf Anregung von Liszt geplanten Ruhmesdenkmal für Beethoven verstanden wissen. Er hatte es demgemäß seinem Verleger angekündigt als eine große Sonate für Klavier, mit dem Titel *Ruinen, Trophäen und Palmen*, deren Exemplare zugunsten jenes Denkmals verkauft werden sollten. Dann sprach er von der Sonate als von drei Gedichten, die er *Ruinen, Triumphbögen, Sternenlicht* nennen wolle. Der leidenschaftliche Charakter des Werks entstammt jedoch nicht dem ehrfürchtigen Verlangen, den Bonner Meister zu ehren. *Es ist*, schreibt Schumann an Clara, *nur ein einziger Liebeschrei nach Dir... Der erste Satz davon ist wohl mein Passioniertestes, was ich je gemacht — eine tiefe Klage um Dich*. Und als das Werk dann 1839 unter dem Titel *Phantasie* erscheint, erinnert nur noch die Widmung an Franz Liszt an Schumanns ursprüngliche Absicht. Über dem Werk steht als Motto eine geheimnisvolle Strophe von Friedrich Schlegel:

> *Durch alle Töne tönet*
> *Im bunten Erdentraum*
> *Ein leiser Ton gezogen*
> *Für den, der heimlich lauscht.*

Erster Satz: *Durchaus phantastisch und leidenschaftlich vorzutragen*. — Dieser lange Schrei, mit dem die Phantasie beginnt, ist eine der hinreißendsten Melodien der Romantik.

Sie entfaltet sich, entwickelt sich, um sich dann sehr viel zarter, und gleichsam wie das Echo einer fernen Stimme zu wiederholen. Noch einmal erklingt ihr Ruf, und diesmal antwortet ihm ein neues Thema:

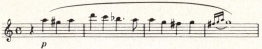

*Dies Thema*, schreibt Schumann an Clara, *gefällt mir am besten. Bist Du es nicht selbst? Ja, und Du weißt es auch...* Dies zweite Thema wechselt in düsteren Übergangsakkorden nach Moll hinüber und entwickelt jetzt erst seinen ganzen melodischen Reichtum. Zwei weitere rhythmisch zunehmend beschleunigte Übergänge führen zu dem Anfangsthema zurück und beschließen so diese erste Episode, die durch ihren mächtigen und einheitlichen Aufschwung wie ein einziges riesiges Motiv wirkt.

Der zweite Teil dieses ersten Satzes — die *Legende* — ist vielleicht noch romantischer. Ein ruheloses Heimweh sehnt sich nach dem phantastischen Wunderland einer versunkenen Vergangenheit zurück. Dann wird die lyrische Poesie dieser Klänge episch und erhebt sich aus ihrer anfänglichen Zärtlichkeit und Ruhe zu majestätischer Größe, je tiefer wir in diese Märchenwelt eindringen. Man glaubt in dem Rhythmus dieses neuen Satzes das ‹Thema des Mottos› (siehe oben) schattenhaft aufklingen zu hören. Dieser Rhythmus wird strenger, betonter, bricht plötzlich seine Bande und stürzt wie ein rasender Ritt schwarzer Gestalten davon. Nachdem sie in der Ferne verschwunden sind, meldet das Anfangsthema sich aufs neue und leitet über zur Wiederholung der ersten Episode. Ein kurzes *Adagio* beschließt diesen Satz von symphonischen Ausmaßen in der traumhaften Stimmung einer langsam verblassenden Vision.

Zweiter Satz: — Der zweite Flügel dieses gewaltigen Triptychons ist ein Triumphmarsch, dessen unerbittliches Fortschreiten in unerschütterlichen Rhythmen uns in den Bann einer ständig wachsenden Spannung hineinzieht. Nach dem grandiosen, heroischen Anfangsthema trägt eine einzige rhythmische Figur — wenn man von der

kurzen Atempause einer im Mittelteil auftauchenden zärtlichen Melodie absieht — die Struktur des ganzen Werks und nimmt mit ihrer unerbittlichen Gleichförmigkeit den Hörer mehr und mehr gefangen. Die endlosen Verkettungen einer solchen Figur sind für Schumann sehr typisch und finden sich in einer großen Zahl seiner Klavierkompositionen — *Symphonische Etüden, Kreisleriana* usw. — wieder. Gegen Ende dieser Episode wirft der zum Zerreißen gespannte hämmernde Rhythmus alle Fesseln von sich, als zerbreche die in eine magische Figur gebannte Zeit plötzlich ihr Gefängnis, um ins Nichts zu zerfließen.

Dritter Satz: — Eine friedliche, heiter in sich ruhende Lichtwelt wird von dem Strahl einer langsam ihre fallenden Rhythmen entfaltenden Melodie durchquert, die an uns vorüberzieht, dann in den gewichtigen Harmonien des Anfangs untertaucht und aufs neue wieder emportaucht. Eine andere, herzhaftere Melodie von verhaltener Erregung ertönt und hebt sich im Wechsel mit den voraufgegangenen Themen zu beherrschender Eindringlichkeit.

Nach einem letzten heiteren Aufschwung löst sie sich auf in immateriellen Klängen.

Der düsteren Schwermut des ersten Satzes der *Phantasie* erwidert in den *Davidsbündlertänzen op. 6* (1837) jenes bunte Gemisch sich widersprechender Empfindungen einer zerrissenen Seele, das jene qualvolle Epoche spiegelt, in der Schumann immer wieder zwischen den Aufschwüngen seiner Liebe und den verzweifelten Stimmungen der Trennung und des Verzichts hin- und hergerissen wird. Während im Finale des *Carnaval* die Davidsbündler siegesfroh auf die Philister losstürmen, sind diese achtzehn Stücke eher, wie Schumann sagt, Totentänze und Tänze von Elfen und Kobolden.

> *In all' und jeder Zeit*
> *Verknüpft sich Lust und Leid.*
> *Bleibt fromm in Lust und seyd*
> *Dem Leid mit Mut bereit.*

lautet das über das Werk gesetzte Sprichwort. Selten begegnet man wohl einem so mitreißendem Jubel und einer so bitteren Qual. Im Bewußtsein seiner Zerrissenheit bezeichnet Schumann jedes einzelne Motiv mit einem E oder einem F — ein unnötiger Hinweis, da die das Werk beherrschende Spannung von Schwermut und Begeisterung so leidenschaftlich ausgedrückt ist und dem willigen Hörer so eindringlich fühlbar gemacht wird, daß auch das kleinste musikalische Fragment den Stempel dieses Zwiespalts trägt.

Zwischen die Noten der rechten und linken Hand schreibt Schumann: *Hierauf schloß Florestan, und es zuckte ihm schmerzlich um die Lippen ... Ganz zum Überfluß meinte Eusebius noch Folgendes; dabei sprach aber viel Seligkeit aus seinen Augen ...* Äußer-

(Florestan)

(Eusebius)

ste Seelennot und Gefühlsverwirrung! denn Florestan verzweifelt und Eusebius fährt fort, an ein glückliches Ende zu glauben.

Gelegentlich gönnt sein Schmerz ihm auch Augenblicke der Besinnung. Das sind dann die herrlichen Stunden, die er, seine tiefe Niedergeschlagenheit überwindend, komponierend am Klavier oder plaudernd mit Chopin und vor allem mit Mendelssohn zubringt. Er liebt und bewundert Mendelssohn, der seit einem Jahr Direktor des Gewandhauses ist und Schumann sowie die *Zeitschrift* mit seinem im Wachsen begriffenen Ansehen unterstützt. Im Juni 1837 kommt die anmutige englische Pianistin Anna Laidlaw, der die *Phantasiestücke op. 12* gewidmet sind, durch Leipzig. Die Widmung ist eine Erinnerung an einige gemeinsame Spaziergänge in der romantischen Umgebung von Rosenthal, ein zärtlich-dankbares Gedenken an ein paar frohe beruhigte Stunden. Das Werk trägt flüchtige Spuren des Friedens, des Glücks und sogar des Humors — Dinge, die Schumann seit langem vergessen hatte.

Trotzdem bleiben auch die *Phantasiestücke* der Schumannschen Schwermut treu, wie die Titel *In der Nacht*, *Traumes Wirren*, *Grillen* zeigen; und das ewige *Warum?* bleibt in dieser düstern Welt ohne Antwort.

Der lange dunkle Weg, auf dem Robert und Clara einander zu erreichen suchen, wird anderthalb Jahre dauern — für Clara, die ihrer bisher nicht sicher war und überdies ganz von ihrem Vater abhängt, eine qualvolle Zeit der Prüfung. Auf ihren Konzertreisen, während der trüben Tage in Leipzig, getrennt von ihrem Freunde, an dem sie zuweilen zweifelt, von Wiecks Mißtrauen bewacht, wird sie sich allmählich klar über sich selbst und ihre Gefühle und auch über die Kraft, die heimlich und unbesiegbar in ihr schlummert.

Als Clara endlich nach Leipzig zurückkehrt, liebt sie und weiß, daß sie liebt. Ohne Schumann wiedergesehen zu haben, gibt sie ihm ein öffentliches Zeugnis ihrer Gesinnung, indem sie aus eignem Antrieb vier von den *Symphonischen Etüden* in das Programm des Konzerts aufnimmt, das sie am 13. August im Gewandhaus gibt.

Welch ein Wiedersehen! Clara oben am Flügel, bejubelt und gefeiert; und Schumann unten im Saal: beide getrennt durch die Menge und das anonyme Zeremoniell eines Konzerts, aber vereint durch den Bund ihrer genialen Naturen, ihrer langen Wartezeit, ihrer stummen Liebe.

Robert, trunken vor Glück und Hoffnung, schreibt an Clara. Es ist der erste Brief in jener langen Reihe von Briefen, die sie drei Jahre hindurch einander schreiben werden. Er atmet ein solches Einverständnis, ein solches Vertrauen, daß man die Gefahr völlig vergißt (wie er sie selber vergessen haben muß), die ein ganzes Jahr lang über ihnen hing: einander fremd zu werden.

*Sind Sie noch treu und fest? So unerschütterlich ich an Sie glaube, so wird doch auch der stärkste Mut an sich irre, wenn man gar nichts von dem hört, was einem das Liebste auf der Welt. Und das sind Sie mir. Tausendmal habe ich mir alles überlegt, und alles sagt mir: Es muß werden, wenn wir wollen und handeln ... Wäre es, daß uns nur eine Morgenröte noch trennte. Vor allem halten Sie fest daran ... Vergessen Sie also das ‹Ja› nicht. Ich muß erst diese Versicherung haben, ehe ich an etwas weiteres denken kann.*

Und plötzlich — ihrer selbst ebenso sicher wie fest in ihrer Aufrichtigkeit — spricht Clara das so leidenschaftlich ersehnte *Ja* aus. «Nur ein einfaches ‹Ja› verlangen Sie? So ein kleines Wörtchen — so wichtig! — Doch sollte nicht ein Herz so voll unaussprechlicher Liebe, wie das meine, dies kleine Wörtchen von ganzer Seele aussprechen können? Ich tue es, und mein Innerstes flüstert es Ihnen ewig zu ... und dem Vater werd' ich zeigen, daß ein jugendliches Herz auch standhaft sein kann.»

Schumann, der sich keinem Vorwurf aussetzen will, bittet Wieck um eine offene Aussprache. Die Zusammenkunft ist *fürchterlich*. Wieck ist kalt, böswillig und grausam und widerspricht sich selber fortwährend. Er beginnt instinktiv einen Kampf, in welchem scheinbare Versöhnung, heftige Auflehnung und blindes Zuschlagen in qualvoll widersprechender Weise miteinander abwechseln. Drei Jahre lang wird Roberts Leben unter dieser Verfolgung zu leiden haben, in denen er bald in wehrloser Untätigkeit sich verzehrt, bald sich auflehnt. Er verläßt Leipzig, kehrt zurück und verläßt es aufs neue. Einmal will er seinen Henker durch seinen guten Willen entwaffnen, und ein andermal will er in seiner Hoffnungslosigkeit sein Glück mit Gewalt erzwingen.

*Brief von Clara an Robert Schumann*

Auf jener Zusammenkunft hat Robert nur erreicht, daß neue Zweifel ihn beschleichen. Wieck ist es gelungen, das junge Glück der beiden zu vergiften. Wird Clara, die an ein leichtes und glänzendes Leben gewöhnt ist, nicht allzusehr unter einer eingeschränkten, schwierigen und im Alltag untergehenden Lebensweise leiden? «Im stillen», sagt Wieck und macht sich damit zum Wortführer von Roberts Liebe — «im stillen wird Clara weinen.»

*4. Oktober 1837: Gestern hingeträumt eine Stunde nach der andern. Raffe dich auf!! ... Ich ziemlich stark abends getrunken. Nachmittags vergebens zum Arbeiten angestrengt.*

*7. Oktober 1837: Gestern wieder fürchterliche Gemütszustände. So zerstreut und zerstört. Woher kommt das? Nichts Ordentliches gearbeitet. Böse, böse Nacht mit blutigen Gedanken. Heute morgen ist's wieder gut.*

*10. Oktober 1837: Der Untergang ist nahe oder der Anfang eines neuen Lebens ... Mir ist genau so, als würde ich Armer von Sinnen kommen.*

An Clara schreibt er: *Heute habe ich nun wieder gar keine Gedanken als Dich oder Deinen Vater, der sich so roh zeigt. Wie Du springe ich immer vom Lachen ins Weinen. Welche fürchterliche Nacht, die vergangene. Wie mir der Kopf brannte, wie die Phantasie mich von Klippe zu Klippe führte, daß ich immer zu stürzen drohte. Ich mache mir Vorwürfe über meine Unzufriedenheit, habe ich doch das Wort eines edlen und starken Mädchens ... Ich bin schwächer, als ich gedacht hatte.*

Immerhin haben sie sich wiedergesehen. Die herbstliche Abenddämmerung im Reichelsgarten beschützt ihre allzu kurzen Begegnungen, bei denen Schmerz und Freude sich mischen. Aber sie haben sich nur gefunden, um sogleich wieder getrennt zu werden. Clara geht wieder auf Tournee, und Schumann hört unbemerkt in einer entlegenen Saalecke ihr Abschiedskonzert mit an, todmüde und glücklich zugleich und von einem leichten Fieber geschüttelt. Doch was will eine Trennung besagen, wenn die Herzen einig sind? Von Prag, von Wien schreibt Clara auf ihrer Triumphreise ihm abends auf ihrem Zimmer, das sie nicht abschließen darf, an ihrer Kommode stehend heimliche Briefe, die sie rasch zusammen mit der Feder in die Schublade gleiten läßt, wenn der reizbare eifersüchtige Vater ins Zimmer tritt. *Dir danke ich meine schönsten Lorbeeren,* schreibt sie und gibt den Beifall, den sie erhält, an ihn weiter. Und welche Freude, wenn man in Prag seinen *Carnaval* bejubelt.

Clara und Schumann leben ganz in der ekstatischen Phantasiewelt

*Lithographie von Rumpf*

ihrer Leidenschaft. In der Silvesternacht sitzt Schumann allein an seinem Schreibtisch, während Clara in Wien spielt: *... nun setze Dich zu mir, schlinge Deinen Arm um mich, laß uns noch einmal in die Augen sehen, — still — selig. Zwei Menschen lieben sich auf der Welt. — Eben schlägt es drei Viertel. Die Menschen singen von ferne einen Choral — kennst Du die zwei, die sich lieben? Wie wir glücklich sind!...*

*In der ersten Stunde des neuen Jahres: Welcher himmlische Morgen! Die Glocken läuten alle — der Himmel ganz golden, blau und rein — Dein Brief vor mir... Also meinen ersten Kuß, meine geliebteste Seele!*

Das Glück, ihr Haus, ihr gemeinsames Leben — alles scheint zum Greifen nah zu sein: *... das träumerische Dunkel in der einen Stube mit Blumen am Fenster, oder die hellblaue mit dem Flügel und Kupferstichen... Abends phantasiere ich Dir in der Dämmerung vor und*

*Clara Schumann*

*Du wirst dazu manchmal leise singen — und dann fällst Du mir recht selig an das Herz und sagst: ‹so schön hab ich mir es nicht gedacht.›*

*Wie glücklich war ich in den vorigen Tagen*, schreibt Schumann am 6. Februar 1838, *so jung, so leicht, als sollten mir Flügel aus den Schultern rollen ... Da habe ich Dir denn auch so entsetzlich viel componiert in den letzten drei Wochen — Spaßhaftes, Egmontgeschichten, Familienszenen mit Vätern, eine Hochzeit, kurz äußerst Liebenswürdiges — und das ganze Novelletten genannt, weil Du Clara heißt und ‹Wiecketten› nicht genug klingt.*[1]

Wie leicht wir uns hätten irren können! Denn trotz ihres Titels sind diese Stücke nicht jener schönen Sängerin gewidmet, die damals

---

1 Anspielung auf Claras Namensschwester, die Sängerin Clara Novelo, die 1837/38 in Leipzig konzertierte.

in Leipzig triumphierte; sie sind, wie alles, was Schumann seit ein paar Jahren geschrieben hat, ein heimliches Geschenk seiner Liebe für Clara. Die in einer einzigen Aufwallung geschriebenen acht *Novellettes op. 21* zeigen eine überraschende tonale Verwandtschaft. Fünf sind in D-Dur und die drei anderen in benachbarten Tonarten geschrieben — alle in Dur. Hat Eusebius sich verleugnen lassen? Er ist auf mehr als einer Seite heimlich zugegen in jener verklärenden Schwermut, die in keinem echt Schumannschen Werke fehlt.

Das Intermezzo der dritten *Novellette* ist eine düsterphantastische Vision.

> *When shall we three meet again*
> *In thunder, lightning or in rain?*

lautet das *Motto* der als musikalische Beilage in der *Zeitschrift* erschienenen Ausgabe. Diese Beschwörung der drei Hexen in *Macbeth* ist aus den modernen Ausgaben verschwunden. In Alfred Cortots Kommentar zu diesem Werk werden jedoch die düsteren Figuren des *Intermezzo* heraufbeschworen.

Die achte *Novellette* ist von allen die reichste. Sie ist ein ununterbrochenes Hervorstürmen von Einfällen und Formen, die sich nach einer geheimnisvollen, nur Schumann durchsichtigen Regel wechselseitig hervorrufen und ineinanderschlingen.

Die Musik, schreibt er, sei ihm ununterbrochen zugeströmt. Er habe fortwährend beim Komponieren gesungen und fast alles sei ihm geglückt.

Clara staunt über dieses Wunder ... Neue Wunder warten auf sie.

*12. Februar 1838: Einiges Kleine hübsch komponiert. Bis Sonnabend am 17. Kinderszenen komponiert ...*

*24. Februar: Das kleine Ding Träumerei komponiert ...*

An Clara: *Was es wie ein Nachklang von Deinen Worten einmal, wo Du mir schriebst, ‹ich käme Dir auch manchmal wie ein Kind vor› — kurz, es war mir ordentlich wie im Flügelkleide und hab' da an die 30 kleine putzige Dinger geschrieben, von denen ich etwa zwölf ausgelesen und* Kinderszenen *genannt habe. Du wirst Dich daran erfreuen, mußt Dich aber freilich als Virtuosin vergessen ...*

Clara, die ihr Virtuosentum vergessen muß, hat grade die Krönung ihrer Virtuosenlaufbahn erlebt: in Wien ist ihr der ruhmvolle Titel einer ‹Kammervirtuosin Seiner Majestät› verliehen worden. Aber alle leere Brillanz fällt dahin, wenn sie die *Kinderszenen op. 15* spielt, von denen sie begeistert ist und mit denen sie sich die einsamen Stunden auf ihren Tourneen verschönt.

Verdanken diese dreizehn kurzen Stücke ihren Zauber und ihren poetischen Glanz einer bewußt kindlichen und primitiven Sprache? Keineswegs! denn die reife und überlegene Meisterschaft des Komponisten verrät sich in jeder Zeile; sie allein erklärt die einzigartige Magie dieser ‹Rückblicke eines Erwachsenen auf seine ersten Jahre›. Die *Kinderszenen* gehören zum Repertoire der größten Schumann-Interpreten, deren hohe Kunst uns vergessen läßt, welche Arbeit die kleinste Tonfigur erfordert und wieviel Überlegung eine Phrasierung, ein richtiger Tonfall und eine vollkommene Durchgestaltung voraussetzen. Nur die großen Pianisten lassen uns ahnen, vor welche Fülle von Problemen diese unschuldigen Gebilde den Interpreten stellen. Ein moderner Komponist, Alban Berg, dessen Werke scheinbar jede romantische Komposition an verwickelter Problematik übertreffen, ist ganz der gleichen Ansicht. In einem heftigen Artikel gegen gewisse Kommentatoren, die außerstande sind, den erstaunlichen formalen Reichtum der *Kinderszenen* zu erkennen, unterzieht Berg die siebente Szene, die berühmte *Träumerei*, einer eingehenden Analyse. Diese Analyse will nicht die unableitbare Einmaligkeit von Schumanns Genie erklären, wohl aber will sie den erstaunlich strengen Gang der melodischen Phantasie erhellen und den Aufbau einer vierstimmigen Polyphonie darlegen, deren rein Schumannscher Charakter und deren Einzigartigkeit in der gesamten romantischen Musik nie genügend betont werden können.

Wer hätte sich nicht an den pianistisch so ganz und gar unvirtuosen *Kinderszenen* versucht? Wer wäre nicht aus eigenstem Erleben in ihre Zauberwelt eingedrungen? So wenig wie eine integrale Analyse Bergscher Prägung, wäre hier eine Folge psychologischer oder poetischer Impressionen am Platz, die doch immer subjektiv bleiben müssen. Wohl aber wollen wir hier grade die *Träumerei*, die so menschlich und populär ist, daß die Drehorgeln auf der Straße sie herunterleiern, zum Anlaß nehmen, um darauf hinzuweisen, daß sich in ihr zugleich eine polyphone Struktur von höchster Vollendung verbirgt. So paradox ist bisweilen die Schumannsche Inspiration.

Die *Kreisleriana op. 16* sind ebenfalls ein Kind jener Zeit des Hoffens und Harrens.

An Clara: *... Aber, Clara, diese Musik jetzt in mir und welche schönen Melodien immer — denke, seit meinem letzten Brief habe ich wieder ein ganzes Heft neuer Dinge fertig. Kreisleriana will ich es nennen, in denen Du und ein Gedanke von Dir die Hauptrolle spielen... Meine Musik kommt mir jetzt so wunderbar verschlungen vor bei aller Einfachheit, so sprachvoll aus dem Herzen...*

*3. Mai 1838: Drei wundervolle Frühlingstage, in Erwartung auf einen Brief* (von Clara) *zugebracht — und dann die Kreisleriana gemacht in vier Tagen; ganz neue Welten tun sich mir auf.*

An Simonin de Sire: *Das Stück* Kreisleriana *liebe ich am meisten von diesen Sachen. Der Titel ist nur von Deutschen zu verstehen. Kreisler ist eine von E. T. A. Hoffmann geschaffene Figur, ein exzentrischer, wilder, geistreicher Kapellmeister. Es wird Ihnen manches an ihm gefallen.*

Obschon die *Kreisleriana* keine musikalische Umformung von E. T. A. Hoffmanns Erzählung sind, sondern, wieder einmal, der Ausdruck einer zerrissenen und in jenen Jahren qualvoll gepeinigten Seele, so hat Schumann die Gestalt des besessenen Musikers, dessen Ende so seltsam sein eigenes Ende vorwegnimmt, doch nicht aus Zufall zum mittelbaren Dolmetscher seines Innenlebens gewählt.

Zusammen mit der *Phantasie op. 17* sind die *Kreisleriana* vielleicht das Schönste, was Schumann fürs Klavier geschrieben hat. Sie haben den Untertitel *Phantasien* — ein Wort, das in seiner romantischen Bedeutung eher Albdruck und Halluzination bedeutet. Gleich das erste Stück bebt von fieberhaften Vorahnungen. Dann folgt eine beruhigtere, melodische, sehr innerliche Episode, die von zwei kurzen

Zwischenspielen unterbrochen wird; aber die Heftigkeit des einen wie die rasche Flucht des anderen verstummen vor der Wiederkehr des melodischen Motivs. Den dumpf hämmernden Rhythmen des nächsten Stücks antworten die ruhigen Harmonien des vierten Stücks. Dann werden die leidenschaftlich wechselnden und sich widersprechenden Rhythmen abgelöst von der herrlichen Melodie des sechsten Stücks — eine der schönsten, die Schumann geschrieben hat, und eine der ergreifendsten der gesamten Klavierliteratur:

Gleichzeitig meldet das Thema des letzten Stückes sich an wie eine vage Vorahnung.

Die Verzweiflung, die in den lyrischen Partien der *Kreisleriana* durchbricht, der bohrende Rhythmus des dritten, des letzten, aber auch des vorletzten Stücks, in dem *die wilde Liebe,* wie Schumann sie nennt, nach Ausdruck ringt, machen diese Komposition zu einem der vollkommensten und tragischsten Schlüsselwerke der deutschen Romantik.

Und doch wird Schumann den quellenden Strom, dem Meisterwerke entspringen, freiwillig eindämmen. Als Clara endlich nach Leipzig zurückkehrt, beschließen die Liebenden, noch im Jahre 1840 zu heiraten, auch wenn sie gegen das väterliche Veto beim Gericht Hilfe suchen müssen; aber Wieck, der weniger als je bereit ist nachzugeben, behauptet, plötzlich nachgeben zu wollen, wenn Schumann nachweisen kann, daß er über ein genügendes Einkommen verfügt, und wenn er Leipzig verläßt.

Robert, der zu jedem Opfer bereit ist, hört sofort auf zu komponieren, widmet sich ausschließlich der *Zeitschrift* und will sie, um auch Wiecks letzte Forderung zu erfüllen, nach Wien verlegen. Dies Opfer rührt an die Grenze seiner Kraft. Er verzichtet auf den Freundeskreis in Leipzig und trennt sich eiligst von Clara.

*1. August 1838: Dienstag den ganzen Tag und die Nacht darauf, die fürchterlichste meines Lebens, ich dachte, ich müßte verbrennen vor Unruhe, etwas Schreckliches. Nachmittags kam ein guter Brief von Clara (sie ist in Dresden), seit 14 Tagen der erste wieder, doch es half nicht. Alles kam zusammen: die baldige Trennung, die Angst, ob ich's bald durchführen würde, das Alleinsein dort in der großen Stadt ... ein Moment und ich hätte es in der Nacht nicht mehr ertragen können. Kein Auge zugetan unter dem schrecklichsten Sinnen und ewig singender, quälender Musik, Gott behüte mich, daß ich so einmal sterbe!*

*31. Oktober 1838: Zum Arbeiten kann ich noch gar nicht kommen, die Lust fehlt, und die Heiterkeit und auch der Trieb. Manchmal möcht' ich schlafen, Jahre lang, doch will ich mich wieder raffen und schaffen.*

Die Ankunft in Wien ist für seine Niedergeschlagenheit eine wohltuende Ablenkung. Das Leben dort ist heiter, die Leute sind liebenswürdig und entgegenkommend. Schumann faßt neue Hoffnung, sucht einen Herausgeber, bewirbt sich um den Posten eines Dirigenten oder Lehrers und will sich dauernd in Wien niederlassen. Aber die Enttäuschung läßt nicht auf sich warten. Das unheilbar leichtfertige Wiener Publikum, das seine großen Musiker abwechselnd bejubelt und angegriffen hat, das Mozart im Elend hat umkommen lassen, das Beethoven verachtet und Schubert vergißt, vergöttert Rossini (das ‹rote Tuch› für Schumann) und Johann Strauß. Und in den musikalischen Kreisen, wo man sich in kleinlichem Neid zerfleischt, ist weder Talent noch Größe vorhanden. Nirgends eine über-

*Das «Wasserglacis» in Wien*

ragende Persönlichkeit, sondern lauter Mittelmäßigkeiten, die sich verschworen haben, dem Neuankömmling den Weg zu versperren. Schumann resigniert sehr bald.

Es bleibt ihm nur noch die Schönheit und die wohltuend heitere Atmosphäre der Stadt, sowie die Begegnung mit Mozarts Sohn und mit Schuberts Bruder, der ihm eine unveröffentlichte Symphonie anvertraut. Wien ist nur noch eine museale Wüste, in der jedoch eine empfängliche Seele noch unvergleichliche Eingebungen zu erleben vermag. Angehaucht vom Geist der Verstorbenen hat Schumann, der seit Monaten nicht mehr komponiert, einfach weil's ihm an Kraft fehlt, die sichere Empfindung, daß *alles bald und noch kraftvoller wiederkommen wird.*

Und plötzlich bricht es aus ihm hervor: die *Arabeske op. 18*, die *Humoreske op. 20*, die *Nachtstücke op. 23*, die sich wieder einmal an E. T. A. Hoffmanns düster-phantastischen Erzählungen inspirieren und die Schumann am liebsten unter dem Titel einer *Fantaisie macabre* zusammenfassen möchte. Im Gegensatz zu solchen Stimmungen der Angst entsteht der übermütige *Faschingsschwank aus Wien*, den er Simonin de Sire widmet.

Der fünf Jahre nach dem ersten *Carnaval* im Februar 1839 geschriebene *Faschingsschwank op. 26* ist psychologisch einfacher — ein schwungvoll heiteres Werk voller Bewegung und Farbe. Er beginnt mit einem großen *Allegro* voll rascher, rhythmischer Episoden und melodischer Fragmente: getreu der Schumannschen Art, Tempi, Ein-

77

sätze und Übergänge in ständiger Gegensätzlichkeit abwechseln zu
lassen. Schumann hat seinen *esprit frondeur* wiedergefunden: am
Schluß des *Allegro* ertönt — welche Herausforderung der Kaiser-
lichen Zensurbehörde! — eine tanzende Karnevals-Marseillaise im
Sechsachteltakt. Dann folgen rasch aufeinander eine zärtliche *Romanze*, eine sehr ironisches *Scherzino* und ein lebhaft bewegtes *Intermezzo*. Worauf das dämonische *Finale* mit seinen schroffen Unter-
brechungen und seinen heftigen Akzenten die burleske Raserei einer
Karnevalsnacht auf ihren Gipfel treibt.

Es ist Schumanns Abschied von Wien. Seit einem Monat lebt er in
einer ihn mehr und mehr quälenden Unsicherheit, was er tun soll.
Clara ist allein in Paris. Wieck, der sie begleiten sollte, ist in Leipzig
geblieben und hat sie unbeschützt den Zufällen einer mitten im Winter unternommenen Reise und den Organisationsschwierigkeiten
einer Tournee ausgeliefert. Er rechnet darauf, sie bald reumütig und
besiegt zurückkommen zu sehen. Er kennt seine Tochter nicht! In
Paris setzt Clara ihre Konzerttage fest, mietet den Saal, stellt die
Programme auf, läßt sie drucken und kümmert sich um die Eintritts-
karten. Es gab damals noch keine Konzertagenturen, so daß Clara
neben ihrem Pianistenberuf auch noch die vielfachen Obliegenheiten Wiecks besorgen mußte. Das alles erledigt sie tüchtig und tapfer
und wirft damit die vorschnellen Berechnungen ihres Vaters über
den Haufen. «Ich sehe», schreibt sie, «daß ich auch ohne meinen Vater in dieser Welt existieren kann.»

Schumann kann nicht genug bewundernde Worte für seine *Heldin mit den strahlenden Augen* finden.

*... Wie Du mir treu bist, so kann es kein Mädchen, kein Engel im
Himmel weiter sein; wie Du liebst, so kannst Du es nur, so über alle
Worte edel. — Ich habe keine Worte für Dich, da müßtest Du mich
manchmal in meinen heiligen Stunden belauschen, da müßtest Du
mich im Traum sehen, wenn ich von Dir träume ...*

Aber Wieck, der böse Geist dieser Liebe, findet neue Wege, sie zu
stören. Hat er seine Tochter nicht kleinkriegen können, so versucht
er es jetzt mit einem so herzzerreißenden Appell an ihre Zärtlichkeit,
daß die bisher so standhafte Clara dieser sentimentalen Erpressung
nachgibt und Robert bittet, den gemeinsam beschlossenen gericht-
lichen Schritt noch aufzuschieben. Das ist für ihn ein tödlicher Schlag.
Monat für Monat, Jahr für Jahr ist er immer tiefer gedemütigt, immer härter getroffen worden. Diesmal aber ist es Clara selbst, die ihm
in den Rücken fällt; und er gibt nach.

Dieser Mai 1839 ist voll von Bitternissen, verzweifelten Stimmun-

78

gen und düsteren Vorahnungen. Schumann, den der plötzliche Tod seines Bruders Ernst bereits sehr erschüttert hat, denkt ernstlich daran, diesem aussichtslosen Kampf durch einen Bruch ein Ende zu machen. Sein blindes Vertrauen in Claras Liebe hat einen Riß bekommen, und die Versuchung zum Selbstmord kehrt wieder.

*Am meisten hat mich Dein zweiter Brief verletzt. Liesest Du ihn einmal später, Du wirst nicht glauben, daß Du ihn geschrieben. Sodann, alles kam zusammen. Dein Vater hatte auf die empörendste Weise sich von neuem gegen mich erklärt ... Dazu nun Dein zweiter Brief, so totenkalt, so unzufrieden, so widerspenstig. Die Tage waren fürchterlich. Solche Gemütsaufregungen dringen mir gleich durch den ganzen Körper bis in die kleinste Faser ... Wo Du nur im Spiel bist, sind alle meine Lebensgeister doppelt tätig — es greift mir gleich ins innerste Mark ... Ich zweifelte an Deinem Inneren, ob es sich nicht umgewandelt habe. Deinen Brief erbrach ich mit Zittern, las weiter und weiter, es war mir, als öffnete sich mir wieder eine Himmelstür nach der andern; ich hatte Dich wieder ... Ach, meine liebe Clara, ist es denn möglich, daß Du im nächsten Frühling zu mir kommen willst und mein geliebtes Weib werden? ...*

Einen letzten Versuch zum Frieden läßt der halsstarrige Vater dahin beantworten, daß ‹Wieck mit Schumann nichts zu tun haben wolle›. Nunmehr gibt Clara jeden Gedanken an eine Versöhnung ihrer Liebe mit ihrer Anhänglichkeit an den Vater endgültig auf und unterschreibt mit Schumann das Gesuch an die Gerichtsbehörde um die Ermächtigung zur Eheschließung (16. Juli 1839). Von Paris zurückgekehrt, sucht sie Zuflucht bei ihrer seit langem von Wieck geschiedenen Mutter, die nur allzu glücklich ist, der Tochter den ihr vom Vater verweigerten Segen geben zu können.

*Ich bin*, schreibt Schumann im Juni, *in mein neunundzwanzigstes Jahr getreten; vielleicht schon die größte Hälfte meines Lebens liegt hinter mir. Sehr alt werde ich ohnedies nicht, dies weiß ich genau. Es haben meine großen Leidenschaften in mir gestürmt, und Kummer um Dich hat auch an mir gezehrt. Du bist es aber auch, die mir wiederum Frieden und Heilung bringen wird.*

Jetzt endlich nahen die heiteren Stunden des düsteren, an Leiden wie an Freuden so überreichen Jahres 1839. Aber trotz der Gewißheit, daß das Glück da ist, fühlt Schumann, der *müde zum Sterben ist und vor Schmerz wie von Sinnen*, wie alle Lebenskraft ihn verläßt. Alle Freude verläßt ihn, er schweigt ganze Tage lang, sitzt untätig da und murmelt vor sich hin.

QUOD
FELIX FAUSTUMQUE ESSE IUBEAT
SUMMUM NUMEN
AUCTORITATE
HUIC LITTERARUM UNIVERSITATI
AB

# FERDINANDO I

IMPERATORE ROMANO GERMANICO
ANNO MDLVII CONCESSA
CLEMENTISSIMIS AUSPICIIS
SERENISSIMORUM
MAGNI DUCIS ET DUCUM SAXONIAE

## NUTRITORUM ACADEMIAE IENENSIS

MUNIFICENTISSIMORUM
RECTORE ACADEMIAE MAGNIFICENTISSIMO
AUGUSTO ET POTENTISSIMO PRINCIPE AC DOMINO

# CAROLO FRIDERICO

MAGNO DUCE SAXONIAE VIMARIENSIUM ATQUE ISENACENSIUM PRINCIPE LANDGRAVIO THURINGIAE
MARCHIONE MISNIAE PRINCIPALI DIGNITATE COMITE HENNEBERGAE
DYNASTA BLANKENHAYNII NEOSTADII AC TAUTENBURGI
PROREGTORE ACADEMIAE MAGNIFICO
VIRO PERILLUSTRI ATQUE EXCELLENTISSIMO

## FERDINANDO HANDIO

PHILOSOPHIAE DOCTORE ARTIUMQUE LIBERALIUM MAGISTRO
MAGNI DUCIS SAXONIAE VIMARIENSIS ET ISENACENSIS A CONSILIIS AULAE INTIMIS GRAECARUM LITTERARUM PROFESSORE PUBLICO ORDINARIO
SEMINARII PHILOLOGICI DIRECTORE ACADEMIAE IMPERIALIS PETROPOLITANAE SOCIO AC SOCIETATUM GANDAVIENSIS LATINAE IENENSIS
MINERALOGICARUM PETROPOLITANAE ET IENENSIS SODALI
DECANO ORDINIS PHILOSOPHORUM ET BRABEUTA
MAXIME SPECTABILI
VIRO PERILLUSTRI ATQUE AMPLISSIMO

## ERNESTO REINHOLDO

PHILOSOPHIAE DOCTORE ARTIUMQUE LIBERALIUM MAGISTRO
MAGNI DUCIS SAXONIAE VIMARIENSIS ET ISENACENSIS A CONSILIIS AULAE INTIMIS PHILOSOPHIAE PROFESSORE PUBLICO ORDINARIO
ORDO PHILOSOPHORUM
VIRO PRAENOBILISSIMO ATQUE DOCTISSIMO

## ROBERTO SCHUMANN

ZWICKAVIENSI
COMPLURIUM SOCIETATUM MUSICARUM SODALI
QUI REBUS MUSIS SACRARUM ET ARTIFEX INGENIOSUS ET IUDEX ELEGANS MODIS MUSICIS TUM SCITE COMPONENDIS
TUM DOCTE IUDICANDIS ATQUE PRAECEPTIS DE SENSU PULCHRITUDINIS VENUSTATISQUE
OPTIMIS EDENDIS MAGNAM NOMINIS FAMAM ADEPTUS EST

*DOCTORIS PHILOSOPHIAE HONORES*
DIGNITATEM IURA ET PRIVILEGIA
INGENII DOCTRINAE ET VIRTUTIS SPECTATAE INSIGNIA ATQUE ORNAMENTA
DETULIT
DELATA
PUBLICO HOC DIPLOMATE
CUI IMPRESSUM EST SIGNUM ORDINIS PHILOSOPHORUM
PROMULGAVIT
IENAE DIE XXIV. FEBRUARII A. MDCCCXL.

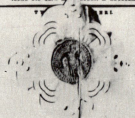

Claras Anwesenheit und die nahe bevorstehende Lösung aller Schwierigkeiten lassen ihn zwar hin und wieder seine Schwermut vergessen, aber seine lähmende Niedergeschlagenheit dauert noch viele Monate lang. Bis zum Februar 1840 wird der Komponist, der zwei Jahre zuvor gejubelt hatte, daß die Musik nie wieder in ihm verstummen werde, sich in Schweigen hüllen.

Wieck aber in seiner blinden, ohnmächtigen Eifersucht verliert offensichtlich jedes Maß. Er stellt groteske finanzielle Ansprüche, protegiert Camilla Pleyel, die junge Rivalin seiner Tochter, und beginnt einen Prozeß. Während der zweiten Verhandlung am 18. Dezember 1839 beleidigt er Schumann mit so hemmungsloser Heftigkeit, daß der Vorsitzende ihm fortwährend das Wort entziehen muß. Er äußert Bedenken gegen die Erbanlagen und das geistige Gleichgewicht des jungen Mannes (seine einzige Schwester ist in sehr jungem Alter geisteskrank gestorben); er greift zu den ausgefallensten Verleumdungen und wirft ihm schließlich sogar vor, ein alter Gewohnheitstrinker zu sein. Diesmal ist es selbst Schumann zu viel. Er verklagt Wieck wegen übler Nachrede; aber die Entscheidung wird auf den Sommer verschoben. Einem so zwischen unaufhörlichen Kämpfen und glückseligen Stunden mit Clara hin und her gerissenen Dasein entzieht sich Schumann, der seine Kräfte schwinden fühlt, endlich durch eine Flucht in die schöpferische Arbeit.

*Ich komponiere augenblicklich viel, wie immer im Februar,* schreibt er an Clara, die wieder auf Tournee gegangen ist. *Es sind kleine Klavierstücke, aber ich will noch nicht sagen, was ...* Das Geheimnis entschleiert sich: es sind die ersten *Lieder,* der *Liederkreis op. 24* nach Gedichten von Heine. *Hier schicke ich Dir ein kleines Liedchen zum Trost; sing' Dir's leise, einfach, wie Du bist. Bald schicke ich Dir mehr. Die vorigen Tage habe ich einen großen Cyklus (zusammenhängend) Heine'sche Lieder ganz fertig gemacht ... Wie mir dies Alles leicht geworden, kann ich Dir nicht sagen, und wie glücklich ich dabei war.*

In der Trunkenheit der Schöpfung zerbricht Schumann plötzlich sein inneres Gefängnis, wird Herr über seine seelischen Konflikte und bringt die qualvollen Widersprüche seines Lebens zum Schweigen. Der durch den Schmerz betäubte und gelähmte Mann erwacht zu neuer schöpferischer Kraft; und nun strömt es aus ihm in ununterbrochener Fülle. Allein im Jahre 1840 schreibt er über hundertdreißig Lieder. Seine Gesundheit ist wiederhergestellt, und der höchste Gipfel seiner Kunst erreicht. Das Klavier ist ihm zu eng geworden; das Lied öffnet ihm die aus der Spannung zwischen Instrument und

*Doktordiplom Schumanns von der Universität Jena*

Stimme sich ergebenden Möglichkeiten, Poesie und Musik in der Magie des Gesanges zu versöhnen und so das Innerste der Menschenseele zu verlautbaren.

Im April 1840 treffen sich Robert und Clara in Berlin. Schumann erlebt die Freude, Mendelssohn, den Clara auf dem Klavier begleitet, seine ersten *Lieder* singen zu hören.

Bald darauf entsteht der *Liederkreis op. 39* nach Gedichten von Eichendorff und *Dichterliebe op. 48* nach Gedichten von Heine. «Niemand unter den Lebenden ist so begabt wie du», ruft Clara ganz begeistert.

Bei einer neuen Gerichtsverhandlung beruft Schumann sich auf den Titel eines *Doctor phil. honoris causa,* den die Jenaer Universität — er hatte sich ganz naiv durch Vermittlung eines Freundes um dieses Zeugnis bürgerlicher Ehrbarkeit beworben — ihm mit den schmeichelhaftesten Ausdrücken verliehen hatte. Zahlreiche weitere Zeugnisse, insbesondere das von Mendelssohn, sprechen zu seinen Gunsten und weisen Wiecks Verleumdungen zurück. Letzterer wird wegen des ‹schamlosen Vorwurfes› der Trunksucht zu zwölf Tagen Gefängnis verurteilt; und am 1. August erteilt das Gericht die Ermächtigung zur Eheschließung.

*Wenn wir einmal am Altar stehen, dann glaub' ich, ist ein Ja noch nie mit solcher Überzeugung, mit solchem festen Glauben an eine glückliche Zukunft ausgesprochen worden.* Dieses *Ja* sprechen Clara und Schumann am 12. September 1840 nahe bei Leipzig in der kleinen Dorfkirche von Schönefeld aus.

## LIEDER

Die Dichter der deutschen Romantik haben sich häufig an der Volkspoesie, ihren Themen wie ihren Formen, inspiriert. Auch die Musiker haben diese Rückkehr zu den Quellen gekannt. So hat das V o l k s l i e d das romantische L i e d hervorgebracht, und die Grenze zwischen den beiden, die ständig ineinander übergehen, bleibt ungenau und beweglich.

Poesie und Musik haben, aus einer gemeinsamen Quelle entspringend, leidenschaftlich ihre romantische Verschmelzung erstrebt, um in solcher nie zuvor erreichten Untrennbarkeit ‹jenes unermeßliche Gebiet, das jenseits der Sprache liegt› (Karl Philipp Moritz) zu erreichen. Dieser Ehrgeiz zwang das Lied, den allzu engen Rahmen seines ursprünglichen Vorbildes zu sprengen. Es befreit sich gegen Ende des 18. Jahrhunderts nach und nach von der starren, ja oft erstarrten und daher weniger ausdrucksreichen volkstümlichen Stro-

*Die Dorfkirche von Schönefeld*

phenform. Wenn ein romantisches Lied sie gelegentlich noch verwendet, so macht es sie doch geschmeidiger, indem es von Strophe zu Strophe melodische Varianten einführt. Das Bedürfnis eines immer freieren Vortrags, der immer nuanciertere Empfindungen und immer komplexere Seelenlagen zum Ausdruck bringen kann, macht sich jedoch mehr und mehr geltend und nimmt zuweilen die Form eines echten Dramas an. Schon Beethovens Lied *In questa tomba oscura* ist nach seinem Wesen ein rein dramatischer Vortrag.

Weber, der mehr als hundert Lieder schrieb, Zumsteeg, sowie Carl Loewe, dessen berühmte Balladen Schumann schätzte, haben alle diese Entwicklung mitgefördert; aber erst Schumanns Genie gibt

83

dieser noch im Fluß befindlichen Form ihre ganze Fülle und endgültige Größe. Das Lied wird zu einem vielschichtigen, tiefen und dramatischen Mikrokosmos. Schumann findet somit eine fertige Form vor, die er dann freilich zu ihrer höchsten Vollendung bringt.

Schumann hat der musikalischen Erfindung die ganze Fülle seiner menschlichen wie literarischen Erfahrung dienstbar gemacht. Bei seiner hohen Intelligenz besaß er ausgedehnte Kenntnisse in der zeitgenössischen Kunst und Philosophie, wodurch er imstande war, seinen unmittelbar und tief empfundenen Freuden und Schmerzen einen immer mannigfaltigeren, nuancierteren und tragischeren Ausdruck zu geben. Seine eigenen literarischen Erlebnisse, seine jugendlich tastenden Versuche und die ebenso dichterische wie kritische Vorstellung, die er von der Rolle eines streitbaren Musikers hatte, kamen aufs entschiedenste seiner reichen Bildung zugute. Die erstaunliche Vielseitigkeit seiner Natur machte ihn dem Einfluß der allerverschiedensten Geister zugängig. Er erkannte sich in ihnen wieder und blieb doch sich selber treu.

Diesem Reichtum geistiger Verwandtschaften entspricht bei Schumann eine einzigartige Vielseitigkeit des Stils und eine Meisterschaft in der freiesten Verwendung immer anderer und immer neuer Formen, die dem inneren Rhythmus des Textes und seinem seelischen Tonfall auf stets einzigartige Weise sich anzupassen wissen.

Das Klavier bringt das Schumannsche ‹Ich› so eindeutig zum Ausdruck, daß es sich im Dialog mit der menschlichen Stimme als eine zweite, ebenbürtige ‹Persönlichkeit› zu behaupten versucht — auch auf die Gefahr hin, sie gelegentlich zu unterjochen und zu übertönen. Gerade diese Einheit von Gesang und Klavierspiel, die beide im Dialog wie im dramatischen Konflikt ebenso unabhängig wie aufeinander angewiesen bleiben, ist typisch für Schumann. Das lange Vorspiel, aus dem die Stimme sich erhebt, sowie das lange Nachspiel, in welchem sie untergeht, sind etwas Neues auf dem Gebiet des Liedes, dessen in sich ruhende, romantische Welt sie umreißen.

So verwirklicht Schumann jene innige Vereinigung von Poesie und Musik, von der man so lange nur geträumt hatte. Übrigens sind die deutschen romantischen Gedichte gleichsam vorbestimmt für die Musik. Insbesondere verlangen die Gedichte von Rückert und Eichendorff so sehr nach ihrer Melodie, daß sie ohne sie wie unfertig wirken; denn die Musik vertieft nicht nur ihren geistigen Widerhall — sie selber sind durch ihre bloße Form und Struktur auf diese Verbindung angewiesen.

In seinen zweihundertachtundvierzig *Liedern* hat Schumann Gedichte von fast sämtlichen Dichtern seiner Zeit, den berühmtesten wie den unbekanntesten, komponiert. Er findet als echter und höchst vielseitiger Romantiker bei ihnen alle ihm wesentlichen Themen; aber es sind tiefere und unwägbarere Verwandtschaften, denen seine Musik gehorcht, und die man nur allzu oft mit Stillschweigen übergeht. Denn über seinen Sinngehalt hinaus fordert ein Gedicht durch seine Worte, seinen Rhythmus, seine Struktur, seine einmalige Atmosphäre den Musiker auf, eine ihm vorschwebende Harmonie von Wort und Ton zu verwirklichen. Dieses spontane Sichsuchen von fertig vorhandenen und von ungeschaffenen Formen ist bezeichnend für Schumann, dessen Inspiration sich auf diese Weise unmittelbar an Heines und Eichendorffs Gedichten entzündet, während Goethe ihm, trotz aller Bewunderung für den Menschen wie für die Fülle seiner romantischen Themen, fremd bleibt, so daß er ihm verhältnismäßig wenig Anregungen verdankt.

*Robert Burns*

Von den ersten *Liedern* an zeichnet sich Schumanns dichterischer Horizont in seiner ganzen Weite ab. Er bleibt übrigens nicht auf die deutschen Romantiker beschränkt; und seine erste Gesangskomposition ist nicht, wie man gewöhnlich glaubt, der Gedichte von Heine vertonende *Liederkreis op. 24*, sondern das *Lied des Narren op. 127, Nr. 5* aus Shakespeares *Was Ihr wollt*. Es ist auf den 1. Februar 1840 datiert und nicht auf das Jahr 1851. Nur dieses eine Mal erscheint Shakespeare in Schumanns Liedern; aber es ist nicht gleichgültig, daß der Lieblingsdichter seiner Jugend ihm die Welt des Liedes aufgeschlossen hat.

In den *Myrthen op. 25* folgen drei weitere englische Dichter auf Shakespeare. Robert Burns gewann Schumanns Sympathie durch seine unbefangene Volkstümlichkeit sowie durch die reine und schlichte Natur seiner Verse (*My Heart's in the Highlands*). Thomas Moore schenkt ihm zwei *Venezianische Lieder*, deren gleitender Rhythmus mittels eines dreifachen Kontrapunktes die Bewegung des Ruders, das Schaukeln der Gondel und den Gesang des Gondoliere miteinander verwebt. Byron aber ist ihm am nächsten, und in den *Myrthen* zeigt der ‹hebräische Gesang› *Mein Herz ist schwer*, wie verwandt

*Rückert*

sich die beiden genialen Naturen sind. Sehr viel später folgen auf jenen Gesang die *Drei Gesänge op. 95* — *Jephtas Tochter, An den Mond, Dem Helden* — sowie dramatische Szenen aus *Manfred*.

Am tiefsten aber ist Schumann dem Schatz der deutschen romantischen Dichtung verpflichtet: von Rückert bis Heine, von Goethe bis Mörike. Unter etwa dreißig Dichtern sind Rückert, Eichendorff und vor allem Heine seine Lieblinge.

### RÜCKERT

Rückert ist es, dessen *Widmung* den Zyklus der *Myrthen* eröffnet, mit denen Schumanns endlich triumphierende Liebe die Braut bekränzt. Das *Lied der Braut, Zum Schluß* und *Widmung* sind die drei leidenschaftlichsten und innigsten Gaben, die er seiner Clara darbringt. Rückert ist auch der Dichter ihres schrankenlosen Glücks; und beide schreiben gemeinsam den *Liebesfrühling op. 27*. In den sechs Liedern des *Minnespiels op. 101*, die ebenfalls dem Rückertschen *Liebesfrühling* entnommen sind, feiern eine Männerstimme und eine Frauenstimme miteinander abwechselnd das reine Glück zweier Liebenden.

Schumann liebte an Rückert seine rhythmisch-technische Meisterschaft, die bei aller Gelehrsamkeit den strengen und schlichten Formen des Volksliedes so nahe blieb. Er hat ihn zum Dichter seiner Liebe erhoben und hat den andern Rückert, der in der gleichen fast kindlichen und manchmal verspielten Weise den Wahnsinn und den Tod besingt: den Dichter der *Kindertotenlieder*, bewußt ausgeschaltet.

### EICHENDORFF

Bei Eichendorff findet Schumann den Zauber der Natur wieder, dem er so viele und tiefe Eingebungen verdankt. Seine ebenfalls aus dem Volkslied hervorgegangene Dichtung ist trotz ihrer schlichten und

*Byron. Gemälde von Géricault*

überlieferten Form von einzigartiger Kraft und Lauterkeit. Der Dichter preist die geheimnisvollen Wälder Schlesiens und ist ein begeisterter Wanderer, der den *wunderbaren Gesang* der Ferne vernimmt und ihn singend erwidert.

Er und Schumann sind beide jenem wunderbaren Sang verfallen. Selten hat eine schöpferische Wahlverwandtschaft sich so nachhaltig und so glücklich ausgewirkt wie in den *Zwölf Liedern op. 39*. Mit welcher Zartheit ruft das Vorspiel zum *Zwielicht* jene abendliche Stimmung wach, wenn der Wald sich ahnungsvoll mit Tönen füllt, die nur der Dichter zu hören vermag. Leise und vertraulich hebt das Lied an:

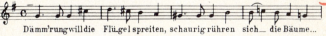

Dämm'rung will die Flügel spreiten, schaurig rühren sich die Bäume...

In enger Verschlingung weben Stimme und Klavier ein geisterhaftes Netz von Tönen. *Schöne Fremde, Die Stille, Mondnacht, Frühlingsnacht* — lauter Lieder aus jenem Zyklus — gehören mit Recht zu Schu-

*Eichendorff
Zeichnung von F. Kugler*

manns berühmtesten Schöpfungen. In der *Mondnacht* feiert der frei sich aufschwingende Gedanke des Dichters seine Heimat. Die kurze Einleitung auf dem Klavier verwandelt sich in eine ununterbrochene Folge durchgehaltener Akkorde, über denen die Stimme sich schwebend entfaltet. Die Harmonien fließen unmerklich ineinander; alles wird unwirklich, raum- und zeitlos.

## HEINE

In Heine findet Schumann sich am uneingeschränktesten wieder und kann so alle inneren Widersprüche seiner Natur entfalten. Denn auch Heine war eine zerrissene Natur. Der unversöhnliche Gegensatz einer romantischreinen Seele und einer zerstörenden Ironie hat Schumann bezaubert, obschon jene enttäuschte und zuweilen falsch tönende Ironie und jene grausamen Parodien lauterster Herzensregungen ihm durchaus fremd waren. Schumanns bisweilen bittere Ironie ist eine von seiner Überzeugung, nie eine von bloßem Zweifel geführte Waffe; nie trübt sie, wie bei Heine, die Lauterkeit einer ungebrochenen tiefen Empfindung. Eine rein menschliche, die dichterische Ebene verlassende Begegnung beider Männer war unmöglich. Als Schumann, ein kaum der Schule entronnener und von Heines Dichtung begeisterter Jüngling, Heine in München begegnet, ist er abgestoßen von der blasierten Eleganz des schmerzlichen Sängers. Um seiner jugendlichen Enttäuschung Herr zu werden, schickt Schumann den *Liederkreis op. 24* gleich nach seiner Vollendung an den verehrten Dichter.

In dem die Sendung begleitenden Brief erinnert Schumann den Dichter an jenen Besuch, den er als blutjunger Student ihm vor Jahren in München gemacht habe, und bittet um ein kurzes Wort, das den Empfang der Lieder bestätigt; es würde ihn *überglücklich machen*.

Schumann hat diese Freude nie erlebt; und der vergeßliche Heine beklagt sich drei Jahre später, daß er nicht ein einziges Exemplar sei-

*Heine*

ner in Deutschland komponierten Gedichte erhalten habe. Aber der Dichter und der Musiker hatten sich jenseits dessen, was sie trennte, gefunden. Schumann hat achtunddreißig Heinesche Gedichte komponiert. Er fand in ihnen seine eigenen Widersprüche und seine wechselnden Gemütszustände wieder, sowie die Verlockungen einer Musikalität, die seiner eigenen Musik geheimnisvoll entspricht und mit ihr fast untrennbar verschmilzt.

Der allzu selten vorgetragene *Liederkreis op. 24* erlaubt uns, Schumann bei seinen ersten Schritten in ein ihm unbekanntes musikalisches Land zu begleiten. Wie von einem Zauber geblendet, bewegt er sich zunächst nur tastend vorwärts, entdeckt nur langsam die Geheimnisse dieser Wunderwelt und findet erst mit dem dritten Lied *Ich wandelte unter den Bäumen* seinen persönlichen Stil. Das Lied beginnt mit einem Vorspiel von reicher, nur skizzenhaft entwickelter

Polyphonie. Mit dem ersten gesungenen Wort setzt jene zunehmende Konvergenz von Stimme und Klavier ein, die dennoch beide ebenbürtig und unabhängig bleiben. Sie ist das eigentliche Kennzeichen des Schumannschen Liedes. In *Warte, warte, wilder Schiffsmann* tritt die dramatische Seite seines kontrastreichen Wesens energisch zutage, um sich in dem lang hingezogenen Nachspiel, wie in einem Echo dieser Abschiedsklage, zu verströmen. Mit dem letzten Liede *Mit Myrthen und Rosen* greift Schumann zu einer reicheren, verwickelteren Form, die er vollkommen beherrscht. Der breit dahinfließende, von einem großen Atem getragene Gesang reißt das Klavier mit sich fort, das seinerseits in einem langen Nachspiel zu den Anfangsrhythmen des Liederkreises zurückkehrt und so die Einheit des Ganzen besiegelt.

Bedeutet der *Liederkreis* bereits ein Gelingen, so stellen die berühmten, der gleichen schöpferischen Epoche von 1840 entstammenden Lieder der *Dichterliebe op. 48* eine letzte Vollendung dar. Sechzehn Lieder — ein jedes unvergleichlich in seiner wechselnden Inspiration, Handschrift und Stimmung — finden sich zu diesem einzigartigen ‹Kranz› zusammen.

In dem ersten Liede *Im wunderschönen Monat Mai* ergeht sich die Stimme in freier Entfaltung, während das Klavier unermüdlich die gleiche rhythmische Figur wiederholt. Das dritte, kurze, flüchtig und leise gesungene Lied *Die Rose, die Lilie* entwickelt ein einziges einfaches Motiv, um, kaum erklungen, auch schon wieder zu entschwinden . . .

*Ich grolle nicht* ist eines der allerschönsten romantischen Lieder Schumanns und gibt dem halb ironischen Heineschen Text einen aufs äußerste gesteigerten dramatischen Gehalt. Die leidenschaftlich zu den hohen Tönen sich aufschwingende Stimme kontrastiert erschütternd mit den tiefen düsteren Baßtönen des Klaviers. Diesem ‹ongewaltigen Lied erwidert der leichte und lichte Regenbogenglanz des Liedes *Und wüßten's die Blumen*: eine schwerelose, gleichsam wurzellose Musik, ein ununterbrochenes Rauschen, dem der transparente Gesang der flüsternden Stimme eine kaum mehr faßliche Gestalt verleiht.

In dem Liede *Das ist ein Flöten und Geigen* enthüllt sich wiederum eine neue Seite von Schumann. Unabhängig von der Stimme entwikkelt das Klavier eine ausladende melodische Linie, die immer wieder den Gesang durchkreuzt und sich erst zum Schluß mit ihm vereinigt. In dieses Spiel von Instrument und Stimme ist, selbständig und untrennbar, ein Tanzrhythmus verwoben.

In dem Lied *Ein Jüngling liebt ein Mädchen*, das eines von Heines berühmtesten Gedichten vertont, hat Schumann die ganze bitter-süße

Ironie des Textes ins Musikalische übersetzt. Das Klavier scheint die Rührung der Stimme zu verspotten und ihr unentwegt durch gegen-rhythmische Akzente zu widersprechen. Das letzte Lied der *Dichter-liebe, Die alten bösen Lieder*, hat einen völlig anderen Charakter. Die tiefe Stimmlage zieht die Stimme — und ebenso alle melodischen Linien — wie ein Magnet zu sich hinunter. Eine seltsame Modulation betont das Aufhören des Gesanges; das Klavier entwickelt ein länge-res Nachspiel, in welchem eine neue und anfangs mit langen durchge-haltenen Noten vermischte Melodie allmählich Gestalt gewinnt, auf-blüht, sich erhebt und nochmals erhebt, um mit einem dunkelernsten Akkord zu enden.

In den schon erwähnten unerschöpflichen *Myrthen op. 25* findet sich das berühmte Lied *Du bist wie eine Blume* sowie das Lied *Die Lotusblume*: eine ruhige und ausgewogene Melodie von flüssigen und wechselnden Harmonien. *Die Romanzen und Balladen op. 45, 49, 53* enthalten weitere von Schumann und Heine gemeinsam ge-schaffene Meisterwerke, darunter *Die feindlichen Brüder* und *Die beiden Grenadiere*, in denen das Echo der Marseillaise erklingt, und schließlich in op. 53 das Triptychon *Der arme Peter*, wo Dichter und Musiker mit höchster Subtilität ein naiv-volkstümliches Thema gestalten. Nirgends sonst hat das Zusammenwirken überlegenster Kunst und ursprünglichster nationaler Sangesfreude einen solchen Grad von Innigkeit und Vollkommenheit erreicht. Heine hat der star-ren, rhythmischen Form des deutschen Volksliedes, die von so vielen namenlosen Dichtern für ihre kleinen Wiegenlieder, Totenlieder und Totentänze verwendet worden ist, dieses düstere Rondeau mit seiner zärtlichen Grausamkeit abgewonnen. Schumann folgt Heine nur an-fangs: Zwei dudelsackartige Akkorde — und da steht unser ‹Armer Peter›, der sich im Walzerrhythmus aus Liebe umbringen möchte, während das Klavier sich in kostbaren Polyphonien ergeht. Im drit-ten Teil aber befreit die Stimme sich aus diesem Ritornell, das sich in seinem eignen Kreislauf gefangen hatte; und während das Gedicht in einem verspielten Ton fortfährt:

*Er hat verloren seinen Schatz,*
*Drum ist das Grab der beste Platz ...*

steigt der Gesang auf seiner qualvoll weitgespannten Flugbahn zu höchster Höhe und zerbricht in der Schlußkadenz, während im Kla-vier die Trommelschläge eines Totenmarsches erklingen.

Es ist wiederum Heine, der Schumann im Jahre 1852 zu seinem letzten Lied *Mein Wagen rollet langsam op. 142* inspiriert — ein selt-samer Sang, dessen Vorspiel seine holpernden Rhythmen in immer düstereren Tonlagen auseinanderzieht, während die melodische Linie lang und friedlich dahinfließt. Der Dichter träumt ... plötzlich erscheinen zwei spöttische Spukgestalten, umkreisen ihn, umschlingen sich und verschwinden ... Der Gesang verstummt; das Klavier allein geht noch weiter den Gedanken des Dichters nach, träumt lange vor sich hin, bis es, in den einwiegenden Rhythmus des Anfangs zurückfallend, verstummt.

## GOETHE

Wenn Goethe bei Schumann nicht die gleiche Bevorzugung genießt wie bei Schubert, so darf man nicht glauben, er sei von dem so vielseitig aufgeschlossenen Musiker verkannt worden. Man braucht nur an das *Requiem für Mignon* für Soli, Chor und Orchester oder an den gewaltigen *Faust* zu denken, der den Komponisten von 1844 bis zu seinem Tode verfolgt hat, so erhält Goethe in Schumanns Gesamtwerk den Platz, der seiner den ganzen romantischen Parnaß überragenden Bedeutung gebührt. Schumann hat achtzehn in verschiedenen Sammlungen erschienene Goethesche Gedichte vertont: gleich nach den *Myrthen* drei Gedichte aus dem ‹West-östlichen Divan›, und zwar *Freisinn, Talismane* und *Lieder der Suleika*; sodann, im op. 51, ein sehr schönes *Liebeslied,* dessen ruhig-heitere Stimmung getragen wird von den tiefen Akkorden des Klaviers. Am nächsten aber kommt er dem Dichter in der Vertonung der dem *Wilhelm Meister* entstammenden Gedichte, für die er eine besondere Vorliebe hatte. In der *Ballade des Harfners* folgt das dem Gesang engstens verschwisterte Klavier den leisesten Andeutungen des Textes; und in dem Lied *Wer nie sein Brot mit Tränen aß* hat die Begleitung einen durchaus malerischen, fast ‹impressionistischen› Charakter.

## KERNER

Die *Zwölf Lieder op. 35* — lauter Kernersche Gedichte — zeigen, daß der Meister sich weniger von einer seelischen Verwandtschaft leiten läßt als von dem Reiz gewisser dichterischer Formen. Nicht eines der während der ersten glückerfüllten Ehezeit komponierten Gedichte Kerners feiert die Freude oder den Frieden. *Stirb Lieb' und Freud', Sehnsucht, Auf das Trinkglas eines verstorbenen Freundes, Stille Tränen*: jedes dieser Lieder spricht von Trauer, von Einsamkeit, von Entsagung; übrigens ohne jede dramatische Bewegung, in einer ganz verinnerlichten und besinnlichen Weise. Sobald die Stimme sich erheben

*«Melancholie» von C. D. Friedrich*

oder beleben möchte, um einem Ruf der Natur oder der Leidenschaft zu erwidern, lähmt ein plötzliches Verzagen wie vor einem ausweglosen Unheil ihren Aufschwung.

## LENAU

Zwei Liederzyklen gehen auf Texte von Lenau zurück, dessen Schicksal so seltsam an Schumanns eigenes Schicksal erinnert. Mit sechsundvierzig Jahren versank der Dichter in geistige Umnachtung, aus der erst der Tod ihn befreien sollte. Mehr als die *Vier Husarenlieder op. 117* dürfen die *Sechs Gedichte op. 90* für Meisterwerke von sehr eigenwilliger Prägung gelten. *Der schwere Abend* mit seinem an eine Totenglocke erinnernden Rhythmus, der einen so tiefen musikalischen Widerhall auslöst, ist eines von Schumanns herrlichsten Liedern. In düsterem es-Moll erheben sich die unheimlichen Rhythmen des sich hinschleppenden und von einem heftigen Septimenakkord unterbrochenen Gesanges. Alles bleibt in der Schwebe; dann beginnt der Gesang aufs neue und senkt sich in tiefere Tonlagen hinab. Das Nachspiel ist ein Crescendo monumentaler Akkorde, aber das Lied endet mit einer hauchzarten Harmonie.

Geibel, Mörike, sowie eine Reihe weniger bekannter Dichter — Mosen, der Dichter des berühmten *Nußbaums*, Pfarrius, Strachwitz — haben Schumann bewundernswerte Lieder eingegeben. Von Geibel stammen die beiden spanischen Zyklen *Aus dem Spanischen Liederspiel op. 74* und die *Spanischen Liebeslieder op. 138* sowie das Lied *Sehnsucht*, dessen leidenschaftlich hinreißenden Gesang das Klavier mit einer mächtigen Tonwoge einleitet und beschließt — ein rein impressionistisches Vorgehen, das mit der ehemals dem Klavier anvertrauten Begleiterrolle nichts mehr gemeinsam hat.

## CHAMISSO

Dem Verfasser des berühmten *Peter Schlemihl*, des Mannes, der seinen Schatten verlor, entlehnt Schumann *Frauenliebe und -leben*, einen seiner berühmtesten Liederzyklen. Hat er sich wenige Monate vor seiner Ehe mit Clara durch die keusche Liebesstimmung dieser kurzen Gedichte verführen lassen, oder haben ihre kindlich einfachen Rhythmen und Formen es ihm angetan? Jedenfalls widerlegt das, was er daraus gemacht hat, das alte Vorurteil, wonach die Musik nichts weiter ist als ein Kommentar und eine Übertragung der in dem Gedicht ausgedrückten Gefühle ... Sämtliche Musiker haben nämlich zuweilen recht dürftige Texte komponiert; und *Frauenliebe und -leben*, Schumanns unsterbliches Werk, läßt den Text völlig vergessen und verwandelt solche Verse wie die hier zitierten:

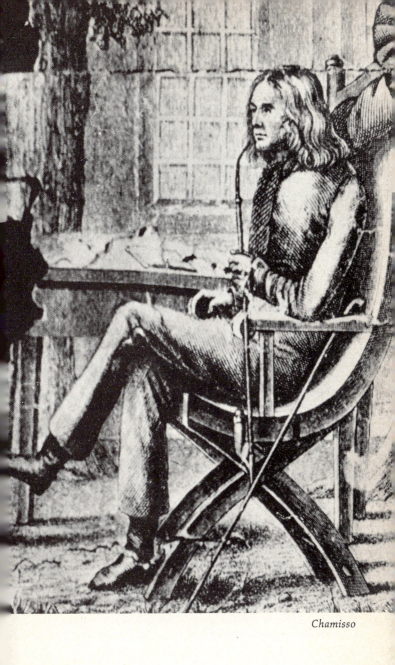

*Chamisso*

*Das Glück ist die Liebe, die Liebe das Glück;*
*Ich hab's gesagt und nehm's nicht zurück...*
*O wie bedaur' ich doch den Mann,*
*Der Mutterglück nicht fühlen kann...*

in ein reines Spiel von Rhythmen und Tönen.

Diese herzlich albernen Gedichte vermitteln dem Komponisten nichts als ein Thema und eine musikalische Grundstimmung, mit denen seine Einbildungskraft frei schalten und so den Worten des Textes ihren eigenen unersetzlich-unübersetzbaren Sinn unterlegen kann. Gegensätzliche Formen wechseln in größter Mannigfaltigkeit miteinander ab, bis das lange Nachspiel, wie Schumann es liebt, das Thema der ersten Melodie wieder aufgreift und hiermit das wundervolle Lied abrundet und beschließt.

Von Chamisso hat Schumann auch *Die Löwenbraut* übernommen: eine düstere Begebenheit mit einem Löwen, einem jungen Mädchen und einem mit einer langen Flinte bewaffneten Verlobten, die blutig endet. Von Chamisso stammen auch die *Kartenlegerin* und *Die rote Hanne* (nach Béranger), sowie die *Drei Lieder op. 31,* die an Loewes Balladenstil erinnern. Die musikalische Linienführung ist weitgespannt, reich moduliert und rhythmisch abwechslungsreich.

## Elisabeth Kulmann, Maria Stuart

Elisabeth Kulmann, eine junge, mit siebzehn Jahren gestorbene Dichterin, war eine jener schwesterlichen Seelen, die Schumann teuer waren. Er brachte ihr eine Bewunderung entgegen, die ihre Gedichte kaum verdienen. Aber Schumann glaubte in ihren ursprünglichen und mystischen Versen eine prophetische Stimme zu vernehmen. Sie hat ihn zu den *Sieben Liedern op. 104* angeregt. Das Lied *Du nennst mich armes Mädchen* ist besonders schön. Es geschah, erklärt uns Schumann, daß gedankenlose Kinder sie wegen ihrer Armut verspotteten; das Lied sei eine Antwort darauf. Es ist von einer schwermütigen Süße, die durch die vergrößerten Quarten noch gesteigert wird. In dem Lied *Die letzten Blumen starben* begegnen sich die dunklen Vorahnungen der jungen Dichterin und des Komponisten. Das Lied *Gekämpft hat meine Barke* beschließt diese nachdenkliche Huldigung.

Ein anderes tragisches Schicksal hat Schumann den Zyklus *Maria Stuart op. 135* eingegeben: fünf Lieder nach den Gedichten der unseligen Königin von Schottland. Die Musik hält sich nicht, wie im op. 104, an ihr ‹Gelübde der Armut›, sondern läßt den Schmerz sich mit einer gewissen Großartigkeit entfalten. Das Klavier tritt ganz hinter

*Die «Mädchenlieder» von Elisabeth Kulmann, korrigiert von Schumann*

der Stimme zurück. Sobald sie erklingt, ist man von der feierlichen Größe dieses wenig bekannten Zyklus gepackt.

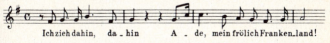

Ich zieh dahin, da _ hin     A _ de, mein frölich Franken_land!

*Das Lied nach der Geburt ihres Sohnes* ist ein Gebet an Christus, ihr Kind zu beschützen. Es ist wie ein Choral harmonisiert; die fast bewegungslose Stimme psalmodiert, und eine schwere Kadenz unterstreicht

das Amen am Schluß. Das Lied *An die Königin Elisabeth* ist eine
atemlose, von eckig-gespannten Rhythmen getragene Melodie, die
das Klavier mit gleicher Leidenschaft begleitet. Zwei düstere Lieder,
*Abschied von der Welt* und *Gebet*, beschließen den Zyklus. Die
schlicht entsagende Haltung des *Gebets* spiegelt die Unerbittlichkeit
des Schicksals wider. Es ist eines der vielen Meisterwerke Schumanns, der einmal in überschäumender Schaffensfreude rief: ‹Ich
*möchte mich totsingen wie eine Nachtigall.*›


## ICH MÖCHTE MEIN KLAVIER ZERSCHLAGEN

*Ereignisse nur wenige, Glück die Fülle* ... So beginnt das Ehetage-
buch, das Robert und Clara drei Jahre lang abwechselnd führen.
Wird Schumann sich lossagen von der leidenschaftlichen Rastlosig-
keit seiner Jugend? Wird er, endlich beruhigt, sich der romantischen
Selbstqual verschließen, der er so viele Meisterwerke verdankt? Sind
Eusebius und Florestan endlich miteinander versöhnt? Nein; aber sein
geistiges Leben spielt sich fortan ausschließlich in seinem Innern ab,
während sein bescheidenes und arbeitsames gesellschaftliches Leben
ganz der Familie gehört und sich von dem Alltagsleben eines damaligen braven deutschen Bürgers kaum unterscheidet.

Dank seiner täglichen Eintragungen in das *Tagebuch* — damals
eine weitverbreitete und manchmal bis ins Groteske übertriebene
Liebhaberei — können wir das Leben eines romantischen Musikers,
das so ganz anders verläuft als das eines Komponisten des voraufgegangenen Jahrhunderts, genau verfolgen. Im achtzehnten Jahrhundert lebt der Komponist, auch wenn er nicht wie Haydn oder wie der
junge Mozart zum Gefolge eines Fürsten gehört und dessen Livree
trägt, vorwiegend von der Gnade eines Hofes und von den Gunstbezeigungen eines Herrschers. Zu Beginn des neunzehnten Jahrhunderts sind die Höfe weniger zahlreich und weniger üppig geworden,
ein bürgerliches Publikum bildet sich allmählich heran, und die Konzerte werden zahlreicher; die Ära der Virtuosen — glorreiche, unab-
hängige Vagabunden — beginnt. Liszt verdankt seinen Ruhm nicht
mehr der Gunst der Fürsten, sondern der Gunst eines ständig wachsenden Publikums. In der gleichen Unabhängigkeit dient Schumann
seiner Kunst. Er verkauft seine Werke einem Verleger und lebt vorwiegend von dem Einkommen, das ihm als Leiter einer Zeitschrift
und später als Orchesterdirigenten zusteht und ihm ein gewisses, von
ihm durchaus geschätztes gesellschaftliches Ansehen gibt.

Das Einvernehmen zwischen Clara und Schumann ist vollkommen
in der Liebe wie in der Kunst. Sie bewundern sich gegenseitig, un-

98

jeder nimmt Rücksicht auf die Anforderungen, die der Beruf des andern mit sich bringt. *Meine Clara hat ... so gespielt, daß ich über die Meisterin die Frau vergaß,* schreibt Schumann in ihr gemeinsames Tagebuch; und Clara schreibt, daß ihre Verehrung für das Genie des Komponisten mit jedem Werke wachse.

Gleich in den ersten Wochen ihrer Ehe geht Schumann daran, den Geschmack und die Bildung seiner Frau, die beide unter der ausschließlichen Erziehung zum Wunderkind ein wenig gelitten hatten, nach seinem Ideal zu formen. Clara hat fast nichts gelesen. Er macht sie mit Byrons und Shakespeares Werken bekannt und vor allem natürlich mit seinem geliebten Jean Paul. Victor Hugo gefällt ihr weniger. Sie findet den großen Roman *Notre Dame de Paris* frivol, vulgär, unzusammenhängend und unwahrscheinlich.

Clara hatte, obschon sie in der Verehrung Mozarts und Beethovens groß geworden war, eine den Überzeugungen ihres Gatten nicht entsprechende Vorliebe für die italienischen Komponisten, vor allem für jene Akrobaten der Virtuosität, denen der Pianist so manchen Erfolg verdankt. Ihr Geschmack wird sich ändern. Robert studiert mit ihr Beethovens Symphonien und Bachs Fugen. Sie bewundert die *h-Moll-Messe,* sieht aber in der *Chromatischen Phantasie* zunächst nur ein Chaos von Passagen, das ihr keinerlei musikalischen Genuß bereitet. Später aber spielt sie das Werk mit hinreißender Meisterschaft. Schumann vertieft und bereichert unermüdlich Claras musikalisches Verständnis und hat an ihr, die viel von ihm erwartet, aber nichts von ihrer Unabhängigkeit aufgibt, eine eifrige und dankbare Schülerin.

*Ein kleiner Zyklus Kernerscher Gedichte ist fertig,* schreibt Schumann im November 1840; *Clara hat Freude daran gehabt, auch Schmerzen; denn sie muß meine Lieder so oft durch Stillschweigen und Unsichtbarkeit erkaufen.* Sie erträgt beides mit Geduld, obgleich sie gelegentlich ganz verzweifelt ist über die ‹Kälte›, mit welcher Robert, der ganz in der Arbeit an seiner ersten Symphonie aufgeht, sie behandelt. Schwerer fällt Clara das Opfer ihrer Kunst und ihrer Karriere. Sie haben nur ein Klavier; und wenn Schumann komponiert, muß Clara zurücktreten. Manchmal kommt sie tagelang nicht zum Spielen; und man kann im Tagebuch ihre Sorgen und Ängste, Rückschritte zu machen, sowie Schumanns Gewissensbisse verfolgen. Sie möchte wieder auf Tournee gehen und möchte dadurch auch Robert von seinen anderen Verpflichtungen befreien, die zwar einkömmlicher sind, ihn aber vom Komponieren abhalten. Der Gedanke, daß er um Geld arbeiten muß, ist ihr unerträglich. Sie leidet, wenn sie ihn um dieses Geld bitten muß, das er so sauer verdient hat; und sie fürchtet, daß die Haushaltssorgen ‹alle Poesie aus seinem Leben vertreiben›.

Manchmal hält Clara es einfach nicht mehr aus. Sie muß auf Tour-

*Schumanns Arbeitszimmer in Leipzig*

nee gehen, muß ihr voll erblühtes Talent vor der Öffentlichkeit bewähren. Sie kann nicht leben ohne die Beifallsstürme, mit denen man sie in ihrer Jugend feierte. Anfang Februar 1842, sechs Monate nach der Geburt ihres ersten Kindes, begibt sie sich auf die Reise. Schumann begleitet sie von Konzert zu Konzert bis nach Hamburg, wo er sich von ihr verabschiedet. Clara fährt weiter, um Kopenhagen zu erobern, wo sie zwei Monate bleibt.

Tagebuch vom März 1842: *Es war doch einer meiner dümmsten Streiche, Dich von mir gelassen zu haben. Ich fühle es immer mehr. Führe Dich Gott glücklich zu mir zurück. Einstweilen will ich unser Kleine bewachen. Die Trennung hat mir unsere sonderbare schwieri* ge Stellung wieder recht fühlbar gemacht. Soll ich denn mein Talent vernachlässigen, um Dir als Begleiter auf der Reise zu dienen? Und Du, sollst Du Dein Talent ungenützt lassen, weil ich nun einmal an Zeitung und Klavier gefesselt bin? Wir haben den Ausweg getroffen. Du nahmst eine Begleiterin, ich kehrte zum Kind zurück und zu meiner Arbeit. Aber was wird die Welt sagen? So quäle ich mich mit Gedanken. Ja, es ist durchaus nötig, daß wir Mittel finden, unsere beiden Talente nebeneinander zu nützen und zu bilden. Amerika liegt mir im Sinn. Ein furchtbarer Entschluß.

Eines Morgens in Bremen, dem Überseehafen, als er sich besonders unternehmungslustig fühlte, dachte er wirklich daran. Zusammen mit Clara überlegt er das Für und Wider; aber in einer Zeitschrift lesen sie zufällig ein Gedicht, das sie «sehr traurig stimmt». Es ist dort von einem jungen Menschen die Rede, der in ferne Länder reist und sich, als er all seine Hoffnungen getäuscht sieht, mit seiner Leier ins Meer stürzt. Dieses warnende Schicksal macht sie nachdenklich ...

Schumann hat die Tourneen immer gehaßt. Wenn er Clara begleitet, hat er nur allzu oft das demütigende Gefühl, in den Augen vieler Leute nur der Gatte der berühmten Pianistin zu sein; denn sein Name und sein Genie sind dem großen Publikum unbekannt. In Oldenburg wird Clara ohne ihn zu Hofe geladen; und später in Wien und auch in Holland fragen ihn hochgestellte Persönlichkeiten, denen er vorgestellt wird, ob «er auch Musiker sei» ...

Bleibt er allein in Leipzig zurück, so kommt das Haus ihm still und ausgestorben vor. Es geht sich wohl sanft mit einer lieben, sanften Frau, schreibt er. Wahrhaftig, meine nächste Symphonie soll ‹Clara› heißen, und ich will sie dann abmalen mit Flöten, Hoboen und Harfen ...

Seit langem drängt Clara ihren Robert, dessen künstlerische Entwicklung sie aufmerksam verfolgt, es mit der großen Form aufzunehmen. Er selber sucht leidenschaftlich nach immer reicheren Ausdrucksmöglichkeiten seines Genies, schreckt aber vor den verwickelten Anforderungen des Orchesters zurück. Schon 1832 hatte er einen ersten Versuch gemacht, hatte aber mit seinem scharfen kritischen Verstand die symphonische Form, so, wie er sie damals in Zwickau kennenlernte, abgelehnt. Bei Schumanns schwankender, widerspruchsvoller und leidenschaftlicher Natur erstaunt einen die Sicherheit und Folgerichtigkeit seiner künstlerischen Entwicklung um so mehr. Es scheint, daß er neue Ausdrucksformen erst dann in Angriff nimmt, wenn er sich innerlich für sie reif geworden fühlt. Dann allerdings stürzt er sich kopfüber in die Arbeit, um sich die neue Kunstform ganz zu erobern, die seine verwandelte Inspiration und Fühlweise ihm aufnötigen. Nachdem Schumann die Möglichkeiten des Klaviers erschöpft und das Lied auf den Gipfel seiner Entwicklung gebracht hat, widmet er sich nunmehr, in der Nachfolge Beethovens, Schuberts und Mendelssohns, der romantischen Symphonie.

Vierzehnter Februar 1841: *Die Sinfonie hat mir viele glückliche Stunden bereitet; sie ist ziemlich fertig; ganz wird es so ein Werk erst, wenn man es gehört. Dankbar bin ich oft dem guten Geist, der mir ein so großes Werk so leicht in so kurzer Zeit geraten läßt. Die Skizze der ganzen Sinfonie war doch in vier Tagen fertig ... Nun aber, nach vielen schlaflosen Nächten, kommt auch die Erschlaffung nach.*

Es ist die *Frühlingssymphonie*, die zur gleichen Zeit entsteht wie der von Robert und Clara gemeinsam komponierte Rückertsche *Liebesfrühling*.

*Könnten Sie,* schreibt Schumann später an Taubert, *Ihrem Orchester beim Spiel etwas Frühlingssehnsucht einwehen; die hatte ich hauptsächlich dabei, als ich sie schrieb im Januar 1841. Gleich den ersten Trompeteneinsatz möcht' ich, daß er wie aus der Höhe klänge, wie ein Ruf zum Erwachen ...*

Kaum ist die Symphonie fertig [1], so übergibt er sie vertrauensvoll Mendelssohn, der sie im Gewandhaus *mit großer Liebe und Sorgfalt* dirigiert.

*Am 31. März Konzert des Schumannschen Ehepaares. Glücklicher Abend, der uns unvergeßlich sein wird. Meine Clara spielte alles wie eine Meisterin, und in erhöhter Stimmung, daß alle Welt entzückt war. Auch in meinem Leben ist der Tag einer der wichtigsten. Das sah auch meine Frau ein und freute sich über den Erfolg der Sinfonie fast mehr als über sich selbst ... Noch so manches könnte ich über diese Woche und jenen Abend aufschreiben, doch zieht's mich zu meiner neuen Ouvertüre, die ich in Arbeit habe — und Du mußt, Liebe, Gute, das wenige in Nachsicht aufnehmen ...*

*11. — 25. April 1841: ... Doch auch gut und fleißig gewesen: Die Ouvertüre in C-Dur in vier Tagen instrumentiert, ein Scherzo und ein Finale für Orchester in vier Tagen fertig skizziert.*

Eine Woche nach der Skizze dieses Werkes — op. 52 — beginnt Schumann für Clara eine *Phantasie* in a-Moll für Klavier und Orchester. Das ursprünglich als fertig betrachtete Werk wird jedoch 1845 um ein *Intermezzo* und ein *Finale* bereichert und stellt nun als *Konzert für Klavier und Orchester op. 54* eines von Schumanns Meister-

---

[1] Wir werden uns später noch zusammenfassend mit den musikalischen Problemen der vier Symphonien befassen.

*Bremen*

werken dar. Diese ganz innerliche und der Dramatik Beethovenscher Konzerte wie der damals so beliebten reinen Virtuosität gleichermaßen fernstehende Komposition ist nach Schumanns eigenen Worten *etwas zwischen dem Konzert, der Symphonie und der großen Sonate.* Das Klavier steht dem Orchester nicht selbständig gegenüber, sondern fügt sich ihm ein, indem es mit jeder Instrumentengruppe Zwiesprache hält und alle Solistenherrschsucht der kammermusikhaften Transparenz des Orchesters unterordnet.

Der erste Satz (die ursprüngliche *Phantasie*) hat zyklische Form. Er ist ein *Allegro affettuoso* und wird von einem der schönsten Schumannschen Themen beherrscht, das vom Klavier nach einigen strahlenden Eingangstakten entwickelt wird.

Mit seinen verschiedenen, kunstvoll geführten und verwobenen Kraftlinien stellt dieses Hauptthema selber einen in sich geschlossenen musikalischen Mikrokosmos dar. Es steigt an zu seinem Gipfelpunkt, wo es die Tonart d-Moll flüchtig streift, um sich sodann in sachtem Hinabgleiten aufzulösen und so seine makellose Kurve zu beschließen. Dann erfährt es, um zwei Nebenthemen bereichert, eine neue, den ganzen Satz beschwingende Steigerung. Schumann verwandelt die Einzelmotive und die Entwicklung, von a-Moll nach A-Dur modulierend, zu einem der schönsten Höhepunkte des *Concerto*. Zum Schluß treten die verschiedenen Stimmen seines aufgeteilten

‹Ich› in der großen, von jeder leeren Virtuosität befreiten Kadenz sich in einem letzten Kampf gegenüber. Mit der rhythmischen Umgestaltung des Themas zu einem unwiderstehlich fortreißenden Wirbel von Tönen schließt der erste Satz.

Das erst 1845 komponierte *Intermezzo* und *Finale* bilden mit dem ersten Satz eine vollkommene Einheit. Das *Intermezzo* ist ein inniger Wechselgesang von Klavier und Orchester, die raffinierte Stimmführung verteilt sich meisterlich auf das Zusammenspiel der Saiten- und der Blasinstrumente, und das Cellosolo im Mittelteil des Satzes unterstreicht dessen Kammermusikcharakter. In den letzten Takten bereiten die Bläser vor auf das *Finale*, das sich ohne Unterbrechung anschließt. Das Klavier beginnt mit dem freudestrahlenden, aus dem Hauptmotiv des ersten Satzes hervorgegangenen Thema. So krönt Schumann nach vierjähriger Unterbrechung die innere Einheit des ganzen Werks mit diesem den ersten Satz in Erinnerung rufenden letzten Satz.

Liszt, der schon 1839 voraussah, daß das Klavier Schumann einmal nicht mehr genügen würde, schrieb ihm damals, wie sehr er hoffe, daß sein Freund ein paar Kammermusikstücke – Trios, Quintette oder Septette – schreibe. Er kam mehrmals auf diesen Gedanken zurück und wies auch auf den seines Erachtens unausbleiblichen finanziellen Erfolg hin. Aber erst 1842 gibt Schumann dem Drängen des Freundes nach und wird sogleich mit einem erstaunlichen Aufblühen seiner Schaffenskraft belohnt.

*Aus dem Haushaltsbuch:*

*2. Juni 1842 Quartettversuche*
*4. Juni 1842 Quartett in a-Moll angefangen*
*6. Juni 1842 Quartett, Adagio fertig*

*Clara Schumann. Bild eines unbekannten Malers*

7. Juni 1842 Quartett, — —
8. Juni 1842 Mein Quartett ziemlich fertig
10. Juni 1842 Noch fleißig am Quartett
11. Juni 1842 Schöner Tag. An einem zweiten Quartett angefangen.
14. Juni 1842 Quasi variazioni im Quartett
17. Juni 1842 Am zweiten Quartett gearbeitet
18. Juni 1842 Das zweite Quartett bis auf die variazioni ziemlich fertig gemacht.
21. Juni 1842 Fleißig am Quartett

5. *Juli 1842 Mein zweites Quartett fertig geschrieben*
8. *Juli 1842 Am dritten Quartett angefangen*
10. *Juli 1842 Fleißig am dritten Quartett*

Wie es ihm 1840 mit den *Liedern* und im darauffolgenden Jahr mit der symbolischen Form erging, so stürzt er sich auch diesmal mit fieberhaftem Eifer in die Arbeit und läßt nicht eher locker, als bis er die Möglichkeiten der neu entdeckten Kammermusikform erschöpft hat.

Die Quartettform sowie die sonore Einheit seiner Instrumente setzen den polyphonen Verflechtungen, dem harmonischen Raffinement einen strengen Rahmen; sie sind für Schumanns Intentionen charakteristisch. Der intime Charakter der Kammermusik liegt ihm mehr als die ‹große Form›, und er meistert sie mit glücklichstem Gelingen.

Man findet in den *Drei Streichquartetten op. 41* und auch in manchen späteren Kammermusikwerken gewisse Eigenheiten der *Ersten Symphonie* wieder: so die kurze lyrische Einleitung zu dem ersten Allegrosatz, so das Streben nach thematischer Einheit, das in der die einzelnen Sätze übergreifenden Verwandtschaft der verschiedenen Motive zum Ausdruck kommt. Mit einer solchen zärtlich-besinnlichen und polyphonisch reichen Einleitung beginnt auch das

*Das Gewandhaus in Leipzig*

erste *Quartett* in a-Moll und ebenfalls das dritte. Der kontrastierende Wechsel von Tempo, Tonstärke und Rhythmus und die fugiert nacheinander auftretenden vier Instrumente geben diesen Quartetten, obschon sie gewisse Einflüsse verraten, einen typisch Schumannschen Stil. Zu den schönsten Glücksfällen seiner Kunst gehören die *Quasi Variazioni* des zweiten Quartetts auf das folgende Thema

Das in der Zeit vom 24. Oktober bis Ende November 1842 komponierte *Klavierquartett op. 47* in Es-Dur beginnt ebenfalls mit einer kurzen, einzig schönen Einleitung. Dann entwickeln die Streicher das Thema, und das Klavier antwortet aus echohaft geheimnisvoller Ferne. Das *Allegro* setzt unisono ein, bleibt mitten im Satz in der Schwebe, worauf die sehnsüchtig klagende Melodie des Anfangs aufs neue ertönt. Auf ein lineares *Scherzo* mit doppeltem Trio – eine ununterbrochene Bewegung in Spiccatoachteln – folgt ein lyrisches *Adagio*. Das rasch dahineilende *Finale* erinnert – ob unbewußt? – an den Schluß des Mozartschen Klavierkonzerts in A-Dur.

Das Clara gewidmete *Klavierquintett·op. 44* stammt aus der gleichen Zeit (September – November 1842). Es ist eines der berühmtesten und, wegen seines übersichtlichen Aufbaus, eines der klassischsten Kammermusikwerke Schumanns. Liszt, als eifriger Neuerer, beurteilte es sehr streng und fand seinen «akademischen Klassizismus» allzu «leipzigerisch», womit er dem erschütternden zweiten Satz, einem Trauermarsch, dessen immer wiederkehrendes Thema einen nicht losläßt, entschieden Unrecht tut.

Das *Allegro brillante* ist ein vollkommenes Beispiel der «Sonatenform». Zwei Themen begegnen sich: das eine, in Es-Dur, ist strahlend und feurig, das andere, in dem zugehörigen c-Moll, ist lyrisch und voll verhaltener Zärtlichkeit. Bei ihrer Durchführung spielt das Klavier eine beherrschende Rolle gegenüber den Saiteninstrumenten.

Der zweite Satz, *In modo d'una marcia*, ist eines von Schumanns Meisterwerken. Drei thematische Grundgedanken entfalten sich mit einer Strenge, der das Stück seine tiefernste Stimmung verdankt.

Auf die düsteren Rhythmen des ersten Themas (A)

folgt die langhingezogene Klage des zweiten Themas (B): eine in sich ruhende entstofflichte Melodie.

Dann kehren die gehemmten Rhythmen des ersten Themas wieder, denen ein drittes lebhaftes Thema sich anschließt (C).

Die stoßweisen Rhythmen des Klaviers beruhigen sich nach und nach und lösen sich auf in einen harmonischen Lichtnebel. Hierauf feiert das erste Thema seine Auferstehung, zusammen mit dem anderen Flügel des ‹Triptychons›, in welchem es wie in einem Spiegel aufgefangen wird.

Das auf ein mitreißendes *Scherzo* folgende *Finale* greift, wie so oft bei Schumann, das Eingangsthema wieder auf und steigert es in einem leidenschaftlichen ‹Fugato› durch alle Instrumente zu höchster Spannung.

Nach dieser explosiven Produktion hüllt Schumann sich, dem Pendelgesetz seiner Natur gehorchend, in Schweigen. Diese scheinbare Unproduktivität geht, wie stets bei ihm, einer neuen Metamorphose seines Schaffens voraus. Schumann, der nach immer größeren und reicheren Formen Ausschau hält, denkt jetzt an eine Oper.

*Zum Komponieren kam ich übrigens gar nicht vor Peri-Arbeiten. Ein paar Opernpläne beschäftigen mich aber sehr...*

Das Oratorium *Paradies und Peri* op. 50 ist gleichsam eine erste Vorerfüllung seines Verlangens. Dieser Triumphgesang reiner Liebe, den Schumann *mit seinem Herzblut* geschrieben hat, geht zurück auf Thomas Moores *Lalla Rookh*. Der Komponist hat jedoch eine gewisse Eintönigkeit dieses ständig in Engelssphären verweilenden Werkes nicht vermeiden können. Als die *Peri* im Dezember 1843 — übrigens recht mittelmäßig — aufgeführt wurde, fühlte Schumann, daß das Werk nur von wenigen in seinem romantisch-orientalischen Charakter begriffen worden war.

Zugleich mit seinem erstaunlich reichen kompositorischen Schaffen besorgte Schumann bis 1844 auch noch die Leitung der *Zeitschrift* Sein weitherziges Urteil und sein hochherziges Eintreten für jedes mutige Unternehmen hatten ihm die Sympathien des ganzen musikalischen Europa gewonnen. Alle Musiker von Rang gingen damals, angezogen von Schumanns und Mendelssohns überlegener und kampffreudiger Geistigkeit, nach Leipzig.

Von Mendelssohn sagte der berühmte Geiger Joachim, er wäre in geistiger wie technischer Hinsicht der größte Dirigent, dem er begegnet sei. Er habe einen unbeschreiblichen, elektrisierenden Einfluß auf seine sämtlichen Mitarbeiter ausgeübt.

Das Gewandhausorchester war unter seiner Leitung eines der besten Orchester der Welt geworden, und das Leipziger Publikum eines der anspruchsvollsten.

Schumann empfand für den Mann, in welchem man damals den Nachfolger Beethovens sah, eine tiefe Bewunderung und Freundschaft. Tatsächlich hat er ihn in

*Illustration zu «Paradies und Peri»*

seinen Briefen als *eminentesten Menschen*, den *verehrungswürdigsten Künstler* und *besten Musiker* bezeichnet.

Diese Begeisterung ging jedoch mit einer erstaunlichen Hellsichtigkeit zusammen, wie gewisse Artikel seiner Feder bezeugen. Schumann hatte trotz seiner für uns verwunderlichen Demut ein klares Bewußtsein seines eigenen Wertes: er wisse genau, was er von ihm als Musiker zu halten habe und daß sie gegenseitig manches von einander lernen könnten. Ja, hätte auch er sich von früh auf der Musik widmen können, er wäre höher geflogen als jener mit seiner eigenen und stärkeren Phantasie. Mendelssohns Freundschaft hat Schumanns Leben günstig beeinflußt, der in ihr jene Achtung und vertrauensvolle Zusammenarbeit fand, die er für die ungehemmte Entfaltung benötigte. Sein Werk selber verrät gelegentlich den Einfluß seines bedeutenden Freundes, an dessen *abgerundetem* Stil er sich begeistert. Es steht fest, daß das Beispiel von Mendelssohn, dem die *Quartette* gewidmet sind, Schumann nicht weniger als das Drängen von Liszt bewog, Kammermusik zu schreiben; wie denn auch der mehr oder minder bewußte Wunsch, sich auf allen Gebieten

109

Mendelssohn

mit seinem Freunde zu messen, ihn neben anderen Gründen veranlaßte, die Komposition von Symphonien in Aussicht zu nehmen. Mendelssohn war übrigens ständig darauf bedacht, seinen genialen Nebenbuhler zu ermutigen: *Mendelssohn sagte mir später beim Abschied, wie er mir gar nicht sagen könne, wie ihm meine Musik gefalle. Dies hat mich sehr erfreut; denn M. gilt mir die höchste Kritik ... Mit M. hab' ich manche trauliche Stunden verlebt; die äußeren Ehren, die ihm alle geschehen, haben ihn nur zugänglicher, bescheidener gemacht. Er mag wohl auch fühlen, daß er jetzt auf dem Gipfel des Ruhmes steht, daß er sich kaum steigern kann ... Wie freue ich mich, der schönen blühenden Zeit anzugehören, wie wir sie jetzt haben. Überall regt es sich für das Gute in der Musik; die Teilnahme des Publikums ist außerordentlich ...*

Schumann war für die neuen Strömungen seiner Zeit empfänglicher als sein Freund. So bewunderte er Berlioz, dessen Instrumentation Mendelssohn «so schmutzig» fand, «daß man sich die Hände waschen möchte, wenn man in seinen Partituren geblättert hat.» Berlioz' Anwesenheit in Leipzig im Februar 1843 gab Robert, der seine Musik in Deutschland bekanntgemacht hatte, Gelegenheit zu einer begeisterten Begegnung. Sein von herzlicher Sympathie getragenes Urteil über Berlioz ist überaus scharfsichtig: *Er dirigierte ausgezeichnet. Vieles Unerträgliche in seiner Musik, aber gewiß auch außerordentlich Geistreiches, selbst Geniales. Oft scheint er mir der ohnmächtige König Lear selbst ... Eine freundliche Begegnung ...*

Noch herzlicher waren Liszts Besuche. Der in ganz Europa berühmte Mann setzte sich hochherzig ein für seine Freunde; er spielte häufig Werke von Schumann, der seinerseits in der *Zeitschrift* mit Achtung von ihm sprach. Liszts stürmisches Erscheinen wurde stets mit großer Freude in dem *Tagebuch* der beiden Gatten begrüßt. Der

Champagner floß in Strömen; und das feurige und mitreißende Temperament des Menschen wie des Pianisten eroberte ganz Leipzig. Im Dezember 1841 gibt er ein Konzert zusammen mit Clara, deren Sympathie und Bewunderung nicht ganz frei ist von Vorbehalten: «Lißt mag spielen wie er will, geistvoll ist es immer, wenn auch manchmal geschmacklos, was man aber ganz besonders seinen Kompositionen vorwerfen kann; ich kann sie nicht anders als schauderhaft nennen... Er kommt mir überhaupt wie ein verzogenes Kind vor, gutmütig, herrschsüchtig, liebenswürdig, arrogant, nobel und freigebig, hart oft gegen andere...»

Roberts Bewunderung war rückhaltloser, so daß die Freundschaft der beiden Musiker einen ernstlichen Streit überstehen konnte, den sie später in Dresden miteinander hatten. Liszt hatte Schumanns *Trios* und sein *Quintett* hören wollen. Nachdem er — wie er's gerne tat — lange hatte auf sich warten lassen, ließ er sich durch seine dämonische Freude am Widerspruch dazu verleiten, das herrliche *Quintett* schroff zu verurteilen; dann spielte er so schlecht wie möglich und wartete zum Schluß auf mit einem Dithyrambus auf Meyerbeer, Schumanns besonderen Feind, und behauptete, daß Mendelssohn neben ihm gar nicht existiere. Der schweigsame Schumann, außer sich vor Zorn, packte Liszt voller Wut bei den Schultern und schrie: *Wer sind Sie denn, mein Herr, daß Sie sich erlauben dürften, so von einem Meister wie Mendelssohn sprechen zu dürfen!*

Darauf zog er sich in sein Zimmer zurück und schwor, daß er Liszt nicht wiedersehen wolle. Trotzdem bezähmten die beiden Freunde im darauffolgenden Jahr ihren Groll: *Vergessen wir jenen Abend*, schrieb Schumann; ein Wort sei kein Pfeil, und wichtiger sei es, immer weiter voranzukommen.

Anfang 1844 läßt Clara, der ihre Leipziger Erfolge nicht genügen, sich von Schu-

*Musiker des Leipziger Orchesters*

*Liszt beim Dirigieren*

mann über Berlin, Tilsit und Riga bis nach Petersburg und Moskau begleiten. Die für Clara so ruhmreiche und förderliche Reise stellt Schumanns Kräfte auf eine harte Probe. Nachdem seine erste Neugier und Begeisterung sich sehr rasch gelegt haben, fühlt er sich körperlich und seelisch tief niedergeschlagen. Der Kreml in Moskau gibt ihm ein paar Verse ein — die einzigen seines reifen Alters; aber trotz aller Festlichkeiten und Beifallsbezeigungen fühlt er sich mutlos und vereinsamt. Seit mehreren Monaten befindet er sich in einer unfruchtbaren Periode, die ihn niederdrückt, so daß er auf die mancherlei Beschwerlichkeiten des Reiselebens mit Krankheit und Nervenstörungen reagiert, was seine Untätigkeit und seine Schwermut nur noch verschlimmert. Aber er ist, wie stets in solchen Zeiten der schmerzlichen Ohnmacht und Niedergeschlagenheit, voll großartiger Pläne. Gleich nach seiner Ankunft in Leipzig macht er sich an den *Zweiten Teil des Faust*, aus dem er eine musikalische Dichtung machen will.

Er erschöpft seine letzten Kräfte, und die Folgen solcher Überanstrengung — Schlaflosigkeit, Weinkrämpfe und Angst vor aller Musik — verschlimmern sich zusehends. Darauf gibt er die Leitung der *Zeitschrift* auf, die zunächst an Lorenz und dann an Brendel übergeht. Zu dieser Zeit verläßt Mendelssohn Leipzig und nimmt einen großen Teil der Achtung und der Freundschaft mit sich, deren Schumann sich in seiner Wahlheimat erfreut. Schumann bewirbt sich, in Mendelssohns Nachfolge, um die Stelle des Orchesterdirigenten am

*Liszt. Porträt von Lehmann*

Gewandhaus. Man zog aber dem sächsischen Komponisten den übrigens nicht untalentierten Dänen Niels Gade vor. Fortan ist der bitter enttäuschte Schumann innerlich mit Leipzig zerfallen. Er erstickt in dieser Stadt, die er möglichst bald verlassen möchte, nachdem sie ihn, der zehn Jahre hindurch so viel für ihren musikalischen Ruhm getan hat, offensichtlich fallen läßt. Gegen Ende des Sommers geht er mit seiner Familie nach Dresden, wo er mehrere Jahre bleibt.

## ICH ARBEITE NICHT UMSONST

Dresden, die Hauptstadt des Königreichs Sachsen, war damals, musikalisch gesehen, eine Wüste. Es lebte in seinem üppigen Rokoko träge und rückständig dahin. Der Hof begünstigte nach altgewohnter Sitte eine ganz äußerlich gewordene Malerei sowie die Oper. Aber nicht einmal Weber hatte vor zwanzig Jahren das Publikum für die deutsche Oper und für die große Musik gewinnen können. Es gab kein Orchester, ja, nicht einmal ein gutes Ensemble von Kammermusikern; und Beethoven wurde, weil er keine vollen Kassen machte, nicht gespielt. Schumann beschwerte sich bei Mendelssohn bitter über den «Zopf» der Dresdner.

Daß Schumann Leipzig gegen ein solches Milieu hat vertauschen können, ist kaum zu fassen. Noch verwunderlicher bleibt es, daß Richard Wagner, der Herold der Zukunft, dort als Hofkapellmeister dieses altmodischen Hofes lebte. Werden die beiden Verbannten sich nun wenigstens helfen und stützen? Dazu hätten sie mehr füreinander empfinden müssen als jene erzwungene Achtung, die niemals bis zu einer aufrichtigen Sympathie gedieh. Schumann fand Wagner *intelligent, aber voll verrückter Ideen* und überdies unerträglich schwatzhaft und anmaßend. Der Anarchismus dieses Freundes von Bakunin stößt ihn ab, *dem von Natur jede Unordnung zuwider ist.* Wagner seinerseits spricht abschätzig von Mendelssohn und will mit fanatischer Einseitigkeit Schumann für seine Auffassung der deutschen Oper gewinnen. Aber dem ganz innerlichen Schumann bleibt der herrschsüchtige Wagner unversöhnlich fremd; und die beiden Genies vermögen es nicht, gemeinsam in Dresden einen belebenden und erneuernden Einfluß auszuüben.

Die Freunde, die Robert und Clara trotz allem in Dresden finden — es sind vorwiegend Maler und Bildhauer —, gruppieren sich um den Musiker Hiller. Durchreisende Künstler bringen den musikalisch Vereinsamten die geistigen Anregungen, die sie in Dresden ent-

*Robert und Clara Schumann. Lithographie von Kaiser*

behren müssen: unter ihnen der Pianist Hans von Bülow; Niels Gade, der neue Leiter des Gewandhauses; Jenny Lind und Frau Schröder-Devrient, unvergleichliche Sängerinnen und treue Freundinnen, die ihren Ruhm den Liedern des Meisters weihen; und natürlich auch Liszt.

Schumann ist in einem Zustand völliger nervöser und seelischer Zerrüttung in Dresden angekommen. Das Gefühl der Vereinsamung und Entwurzelung, das ihn in dieser Stadt befällt, lähmt seinen ganzen Lebensrhythmus und seine schöpferischen Kräfte. Ohne neue Ideen und doch unfähig, ohne musikalische Arbeit zu leben, erschöpft Schumann sich in vergeblichen Versuchen: *Schwerer Tag... Schlimmer Zustand... Unseliges melancholisches Befinden... Nervenanfall, heftiger... Große Nervenschwäche wieder...* Erst nach mehre-

*Dresden um 1845. Lithographie von J. Riedel*

ren Monaten befreit er sich langsam aus dieser grauen, unfruchtbaren Stimmung. Eine *kontrapunktische Kur* schenkt ihm im Frühjahr 1845 die *Etüden für Klavier mit Pedal* sowie die sechs *Fugen auf den Namen Bach* und *Vier Fugen für Klavier*: schüchterne Versuche eines neuen, noch tastenden und sich streng im Rahmen einer vorgegebenen Form haltenden schöpferischen Aufschwungs.

1845 erscheinen auch die beiden letzten Sätze des grandiosen, Hiller gewidmeten Klavierkonzerts, das 1841 unter dem Titel einer *Phantasie* begonnen worden war. Noch ganz zerschlagen bringt Schumann dennoch in einer schmerzvoll-heilsamen Anstrengung die *Zweite Symphonie in C-Dur op. 61* zustande.

*Die Symphonie*, berichtet er im Dezember 1845 an den Dirigen-

*Das Theater in Dresden um 1841. Aquarell von Basler*

ten Oten, *schrieb ich im Dezember 1845 noch halb krank; mir ist's, als müßte man ihr dies anhören. Erst im letzten Satz fing ich an, mich wieder zu fühlen; wirklich wurde ich auch nach Beendung des ganzen Werkes wieder wohler. Sonst aber, wie gesagt, erinnert sie mich an eine dunkle Zeit. Daß trotzdem auch solche Schmerzensklänge Interesse wecken können, zeigt mir Ihre Teilnahme..., und daß Ihnen auch mein melancholischer Fagott im Adagio, den ich allerdings mit besonderer Vorliebe an jener Stelle hingeschrieben habe, nicht entgangen ist, hat mir am meisten Freude gemacht.*

Wie in einigen der erschütterndsten Werke Beethovens fühlt man auch hier die Gegenwehr des Geistes, aber der Sieg des Schöpfers läßt sein Werk und ihn selber nur desto größer erscheinen: die Symphonie endet mit einem triumphierenden Jubelruf.

Schumanns Sieg über seine Apathie läßt länger auf sich warten und ist weniger vollständig. Obschon er eine Kur nach der anderen versucht, verträgt er das Leben in Dresden immer schlechter, so daß er Claras Plan, nach Wien auf Tournee zu gehen, mit Freuden begrüßt. Es handelt sich überdies um mehr als nur eine Tournee: Clara will ihre früheren Triumphe den Wienern wieder in Erinnerung bringen, Schumann aber will sich in Wien mit seinem Werk durchsetzen; und vielleicht gelingt es ihren gemeinsamen Bemühungen, sich ganz in Wien niederzulassen, wo eine ihrem Schaffen günstige Atmosphäre herrscht. Denn Wien hat den ganzen Zauber jener allzu reizvollen und undankbaren Städte, die immer wieder Illusionen wecken, um sie dann zu enttäuschen. Das leichtlebige Wien wirkt anfangs entschieden wohltuend auf Schumann. Er lebt auf und fängt auch wieder an zu komponieren; aber die wenigen Monate von November 1846 bis Ende März 1847 enden diesmal nicht

*Hans von Bülow*

*Richard Wagner*

nur wie bei seinem ersten Aufenthalt mit einer Enttäuschung, sondern mit einer Niederlage.

Der dem Ehepaar bereitete Empfang ist zunächst ermutigend. Clara wird bei Hofe mit Auszeichnung behandelt, und Grillparzer und Eichendorff nehmen sich in jeder Hinsicht der Neuankömmlinge an. Aber Clara ist von ihrem ersten Konzert enttäuscht, weil sie die ihr früher entgegengebrachte stürmische Begeisterung nicht wiederfindet. Ihre Kunst ist strenger und anspruchsvoller geworden, als es das anmutig-verführende Spiel des Wunderkindes war; und Wieck, der geschickte Impresario, ist nicht mehr da. Das zweite Konzert, in welchem das *Quintett* und die *Variationen für zwei Klaviere* zur Aufführung kommen, ist nur schwach besucht. Das dritte Konzert mit der *Ersten Symphonie* und dem *Klavierkonzert* ist ein Fiasko. Die Wiener haben kein Verständnis für den sächsischen Komponisten und seine verinnerlichte, allzu moderne Kunst, die keine Konzessionen macht und keine oberflächlichen Gefälligkeiten kennt. Nur Jenny Lind rettet das Konzert vor einem völligen Mißerfolg und entwaffnet durch den Vortrag der *Lieder* die feindselige Gleichgültigkeit des Publikums — eine bittere Enttäuschung für Clara, die mit dem Erfolg der schwedischen Nachtigall nicht konkurrieren kann.

Prag, das Mozart und Beetho-

*Jenny Lind. Gemälde von Ed. Magnus, 1846*

ven mit Beifall überschüttet hatte, als Wien sie auspfiff, gewährt dem Ehepaar den Trost aufrichtiger Bewunderung. Aber die Hoffnung, sich in Wien niederlassen zu können, ist dahin. Robert kann sich nicht entschließen, nach Dresden zurückzukehren. Jetzt will er in

*Schumanns Kinder*

Berlin den Erfolg erzwingen ... und zwar mit dem Oratorium *Paradies und Peri*. Aber das Werk wird von schlecht vorbereiteten Dilettanten sehr mäßig aufgeführt; und die nächsten beiden Konzerte vermögen die kühle Zurückhaltung des Publikums wie der Kritik nicht zu überwinden. Auch Berlin, noch jüngst der geistige Mittelpunkt der kühnsten Romantik, kommt ebensowenig wie Wien als Zufluchtsort für einen Musiker wie Schumann in Frage.

Es bleibt daher nichts übrig, als nach Dresden zurückzukehren und in dem dortigen unergiebigen Milieu ausschließlich aus eigenen geistigen Mitteln zu leben.

Die vier in Dresden geborenen Kinder — er hatte bereits zwei — sind für Schumann eine Quelle friedlicher Freuden. Kinder, meint er, seien ein Segen, man könne ihrer nie genug haben. Clara fühlte sich bisweilen ganz erdrückt durch die Last einer so zahlreichen Familie und durch die vielfache Verantwortlichkeit, die sie klarer als Robert übersah und als ein immer stärkeres Hindernis ihrer Karriere empfand. Schumann aber, trotz aller Bewunderung für die Künstlerin, denkt anders. *Clara, schreibt er, kennt selbst ihren Hauptberuf als Mutter, daß ich glaube, sie ist glücklich in den Verhältnissen, wie sie sich nun einmal nicht ändern lassen.* Dieses ruhige Leben — Spaziergang mit Clara um elf Uhr, Mittagessen mit den Kindern, eine Stunde im Kaffeehaus vor dem Abendessen — gefällt Schumann um so mehr, als seine nervösen Leiden (Angstzustände, Halluzinationen, Gehörstörungen) ihm keine Ruhe lassen. Schon seit ein paar Jahren wehrt eine Art Trägheit sich in ihm gegen alle Berührung mit der Außenwelt. Er klagt darüber, wie schwer es ihm falle, sich mündlich oder schriftlich auszudrücken. Eine Viertelstunde am Klavier erlaube ihm, mehr auszusagen, als zahllose tintengeschwärzte Seiten es vermöchten.

In der Musik sucht Schumann nach immer reicheren Ausdrucksmöglichkeiten. Sein *Morgen- und Abendgebet gilt der deutschen Oper*, in der sich alle Künste zu einer höchsten Leistung zusammenfinden und in der die romantische Seele ihre angemessenste Ausdrucksform besitzt. Schon mit zwanzig Jahren hatte er davon geträumt, *Hamlet,* und später *Doge und Dogaressa* von E. T. A. Hoffmann für die Bühne zu komponieren. Die allerverschiedensten Texte locken ihn: Byron so gut wie Goethe, Calderón und Thomas Moore; er denkt an die Odyssee, an den Bajazet von Racine, an die Sakuntala und anscheinend sogar an Ciceros Briefe! Schließlich nimmt ihn der so typisch mittelalterlich-romantische Stoff der Hebbelschen *Genoveva* gefangen, und ohne auf das Textbuch zu warten, schreibt er im April 1846 in wenigen Tagen die Ouvertüre.

Mit dieser Oper will er, gegen Meyerbeer, Beethovens und Webers Beispiel folgen und neben der italienischen und französischen Oper eine spezifisch deutsche Oper schaffen. Er, der die romantische Musik bereits um den Beitrag seines so grunddeutschen Genies bereichert hat, glaubt sich, mehr noch als der von ausländischen Einflüssen nicht freie Wagner, dazu berufen, diesen Wunsch einer ganzen Generation zu erfüllen. Wir wissen, wie die stumme Rivalität der beiden Komponisten endet ...

Das traurige Schicksal der tugendhaften und zu Unrecht der Untreue verdächtigten Genovefa von Brabant war von Tieck als

Märchenidyll und von Hebbel in herber Dramatik gestaltet worden. Schumann, der sich für keine der beiden Formen eindeutig entscheiden kann, überläßt es seinem Freunde Reinick, ein Textbuch zu schreiben, das beiden Dichtern ihr Recht widerfahren läßt. Aber die Reinicksche Bearbeitung ist ihm zu sentimental, so daß er den dritten Akt selber schreibt. Auf diesem zusammengeflickten Text konnte Schumann keine zusammenhängende Partitur aufbauen. Die Spannung ist flau, die dramatische Handlung künstlich und ungeschickt, und die allzu dürftige Substanz wird durch die langen musikalischen Kommentare, mit denen der Komponist ihr zu Hilfe kommen will, nur noch mehr verwässert. Was von diesem enttäuschenden Werk übrigbleibt, sind ein paar Chöre und Duette und die Ouvertüre, in der die Hauptthemen des Werkes sich in reicher symphonischer Durchführung miteinander verweben.

Die im August 1848 vollendete *Genoveva* sollte sofort in Leipzig aufgeführt werden. Sie mußte zwei Jahre lang warten, da man ihr den Meyerbeerschen *Propheten* vorzog, dessen Erscheinen Schumann seinerzeit in der *Zeitschrift* mit dem schwarzen Kreuz einer Todesanzeige begrüßt hatte. Die *Genoveva* errang nur einen Achtungserfolg; Schumann allein wußte um all die intimen, in ihr verborgenen Klangschätze. Seine späteren Opernentwürfe sind ihm nicht besser geglückt. Sie kommen eigentlich nie über die Ouvertüre hinaus. Die Ouvertüren zur *Braut von Messina*, zum *Julius Caesar* und zu *Hermann und Dorothea* sind symphonische Dichtungen von großer Schönheit; die «deutsche Oper» aber bleibt ein Traum.

Sobald Schumann sich von den gefährlichen Anforderungen der Bühne befreit, gelingen ihm in seinen dramatischen Szenen, die Orchester, Solostimmen und Chöre vereinen, echtere und überzeugendere Gebilde. Im selben Augenblick, wo er die *Genoveva* beendet, beginnt er den *Manfred*. In Byrons in Dialogform geschriebenem, aber nicht für die Bühne bestimmtem Gedicht erkennt Schumann instinktiv die ihm am besten entsprechende Form. Und Byrons Held ist unter allen romantischen Helden derjenige, in dessen Gestalt der Schumann jener von inneren Kämpfen erfüllten Jahre sich und seine immer mehr von geheimnisvollen Abgründen angezogene Seele am deutlichsten widerspiegelt.

Manfred hat seine Schwester geliebt. Nach ihrem Tod sucht er sie durch magischen Zauber sowohl zu vergessen als zu beschwören und da es ihm nicht gelingt, seine Qual zu betäuben, versucht er zu sterben. Da erscheint Astarte und verkündet ihm seinen Tod. Er stirbt umringt von den Geistern, die er beschworen hat, indem er sie trotzig verhöhnt und den geistlichen Beistand eines frommen Mannes ablehnt. In der Schumannschen Fassung hingegen findet er sei

*Aufführung der «Genoveva» in Leipzig*

nen Frieden unter den Glockenklängen eines Requiems.

Der *Manfred* bedeutet einen neuen Versuch dichterisch-musikalischer Synthese. Wie in der *Schönen Hedwig* (1849) und in dem *Heideknaben*, zwei Hebbelschen Balladen, für deren gesprochenen Vortrag Schumann eine Klavierbegleitung komponiert hat, ist auch im *Manfred* die Musik als Begleitung zu dem gesprochenen Wort gedacht. Aber das Gedicht und die Musik, so eindrucksvoll jedes für sie auch sein mag, bilden dennoch nicht, wie im Lied, ein neues Ganzes: sie bleiben einander fremd und schwächen sich eher gegenseitig, als daß sie sich erhellen. Nur in den gesungenen und rein orchestralen Teilen des Werkes finden wir Schumanns ganze Genialität wieder. So ist etwa die Erscheinung der Alpenfee ein einzigschönes Beispiel ätherisch-schwereloser Orchestration; die Anrufung der Astarte ist von beschwörender Eindringlichkeit, und die Ouvertüre, die allein noch gespielt wird, schlechthin ein Meisterwerk.

Schumanns angestrengte Arbeit an diesen umfangreichen Werken wird oft unterbrochen durch seine körperliche Schwäche oder durch tiefe Schwermut. Mendelssohns Tod im November 1847 erweckt in seinem Freunde düstere, verfolgende Todesgedanken. Der einsame, schweigsame Schumann sucht dann wohl sein inneres Gleichgewicht wiederzufinden, indem er die Leitung der «Liedertafel» als Hillers Nachfolger übernimmt. Die neuerliche Beschäftigung mit Bach, Palestrina und Beethoven belebt ihn so sehr, daß er

«Manfred». Illustration von Toni Johannot

selber zahlreiche Chöre komponiert. Auch das Klavier schenkt ihm glückliche Augenblicke, in denen jenes wundervolle *Album für die Jugend op. 68* entsteht, an das viele unter uns sich dankbar erinnern werden, sowie die *Waldszenen op. 82*, die solche Meisterwerke wie den *Vogel als Prophet* und die erschütternde, von einem düstern Hebbelschen Gedicht eingegebene *Verrufene Stelle* enthalten.

Aber Schumann kehrt zur Kammermusik zurück. Seine *Trios* zählen, wie sein *Quintett*, zu den geglücktesten Werken dieser Gattung. Schumanns dramatische Phantasie bewegt sich mit uneingeschränkter Freiheit in diesem klassisch strengen Rahmen, der dem Klavier neben den andern Instrumenten eine wesentliche Rolle einräumt.

Er hat mit als erster unter den deutschen Musikern die üblichen italienischen Bezeichnungen (Adagio, Allegro, usw.) durch entsprechende deutsche Worte ersetzt. Auf diese Weise erhebt eine neue Empfindungsweise ihre Ansprüche nicht nur gegenüber dem Werk selber, sondern auch gegenüber dessen Interpretation, sofern die lebendigen Worte der vaterländischen Sprache die Gesamtstimmung des Werks aufs eindrucksvollste umreißen. Bereits in der *Phantasie op. 17* findet sich beispielsweise im ersten Satz eine Bezeichnung wie: *Durchaus phantastisch und leidenschaftlich vorzutragen*. Die in den *Quartetten*, im *Quintett* und in den *Symphonien* beibehaltenen italienischen Bezeichnungen werden in den *Trios* wiederum durch deutsche ersetzt. So trägt der erste Satz des *Trios in d-Moll op. 63* die Überschrift *Mit Energie und Leidenschaft*. Er beginnt mit einem Thema, das an den leidenschaftlichen und überschwenglichen Schumann der *Kreisleriana* und der *Sonate in g-Moll* für Klavier erinnert.

Mit diesem melodischen Thema kontrastiert ein rhythmisches Motiv von typisch Schumannscher Prägung, das die weitere Entwicklung energisch belebt.

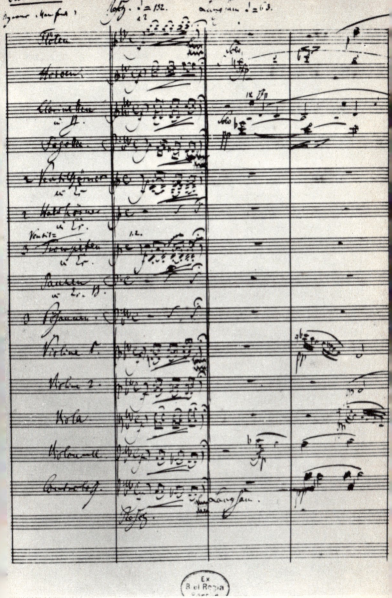

Manuskript der «Manfred»-Ouvertüre

Dann beschwichtigt sich die Erregung in einer von ruhigen Akkorden in höherer Lage getragenen, an das Eingangsthema erinnernden Kantilene des Cellos und der Geige, worauf das Thema in seiner ursprünglichen Form das Ganze beschließt.

Im zweiten Teil (*Mäßig. Durchaus energisch*) treten zwei verschiedene Rhythmen sich gegenüber: das eine in gebundenen, das andere (wie im ersten Satz) in gestoßenen Achteln. Im Mittelteil dieses Satzes verarbeiten die drei Instrumente ein chromatisches Motiv in einem Kanon. In dies ineinanderfließende polyphone Gewebe fügt sich unmerklich der ursprüngliche Rhythmus ein und leitet über zu einer Wiederholung.

Das «Adagio» (*Langsam getragen. Durchweg leise zu halten*) hat etwas Beängstigendes und gleichsam Atemloses. Es baut sich

*Dresden 1849: verhaftete Aufrührer werden abgeführt*

auf über dem entschiedenen Widerspruch des Rhythmus und des Metrums, der in ständigen Synkopen seinen Ausdruck findet. Die Streicher versuchen unermüdlich über die Taktstriche hinwegzuspielen, ja, sie ganz zu beseitigen, während das Klavier sie durch Unterstreichen der betonten Takte unmerklich hervorhebt und so die geschilderte Widerspannung noch erhöht.

Das «Finale» (*Feurig*) setzt unmittelbar ein mit einem freudigen Thema von hinreißendem Schwung. Im Mittelteil eine plötzliche Windstille — genau wie im ersten Satz. Getragen von dem ruhigen Pulsschlag des Klaviers erklingt wie ein ferner tief romantischer Ruf die durchsichtig-klare Melodie der Geige:

Darauf kehrt das erste Thema zurück, das Tempo belebt sich (*Noch immer schneller*) und drängt einem strahlenden Schluß entgegen.

Auf das weniger farbige *Zweite Trio op. 80* und die *Phantasie op. 88* in Form einer Suite für Klavier, Geige und Cello, deren erste Entwürfe bis in das Jahr 1842 zurückreichen, folgt drei Jahre später das in Düsseldorf komponierte *Dritte Trio in g-Moll op. 110*. Wir finden in ihm die quälend-leidenschaftliche Stimmung des op. 63 wieder. Das Werk ist überaus abwechslungsreich und bewegt; die melodischen Intervalle sind zerstückelt und zerrissen, die Gegensätze äußerst heftig, zumal im letzten Satz. Im Scherzo kehrt das Schumann verfolgende Hauptthema der *Vierten Symphonie* wieder, deren endgültige Fassung er in jenem Jahr fertigstellt.

Die Zeitläufte sind einer innerlichen Sammlung nicht grade günstig. Schumann wird durch den Lärm der Revolution seiner Versponnenheit entrissen. Europa befindet sich im Aufstand, und im Mai 1849 brechen Unruhen in Dresden aus. Während Wagner, von revolutionärer Begeisterung entbrannt, mit Bakunin zu den Barrikaden eilt, verläßt Schumann mit seiner Familie die Stadt. In der ländlichen Zurückgezogenheit von Kreischa gibt er sich, bei allem Abscheu gegen die Gewalttaten auf beiden Seiten, doch seinen demokratischen Gefühlen hin, die ihn zu den *Vier Märschen für das Jahr 1849 op. 76* und zu den *Freiheitsliedern* nach Freiligrath begeistern. Letztere werden wegen ihrer umstürzlerischen Tendenz erst 1914 veröffentlicht.

Nach dieser ein wenig kühlen Sympathiebekundung für die liberalen Bestrebungen der Epoche wendet er der in Zuckungen liegenden Welt eher den Rücken. Sein bis dahin ziemlich flaues religiöses Empfinden wird bestimmter und schlägt sich nieder in Wer-

*Szene aus dem «Faust». Lithographie von Delacroix*

ken, die ihm, wenn es auch nicht grade seine besten sind, doch sehr am Herzen liegen. Die Motette *Verzweifle nicht* von Rückert, op. 93, die er in jenem Maimonat komponiert, ist das erste Werk dieser Reihe.

Goethes seit frühester Zeit bestehender Einfluß, der aber durch Schumanns instinktive Vorliebe für Jean Paul lange in den Hintergrund gedrängt worden war, wirkt durch seine weniger subjektive und besser beherrschte Fülle sehr viel entschiedener auf den reifen Schumann. Wie er früher den Dichtern Rückert, Geibel und Byron jene prachtvolle Erneuerung des *Liedes* verdankt, so gilt seine ganze Liebe jetzt dem Liederkreis aus dem *Wilhelm Meister op. 98a*. Die Schwermut Mignons und des Harfners ist der seinen verwandt. Mit dem leidenschaftlich-eindringlichen *Requiem für Mignon op. 98b* für Solostimmen, Chor und Orchester schließt das Werk.

*Was schulde ich nicht alles Goethen*, schreibt Schumann. Offenbar steht das *fruchtbarste Jahr seiner Existenz* ganz unter diesem Zeichen. Unter dem apollinischen Einfluß des Weimarer Meisters macht die vorwiegend malerisch-reizvolle Romantik der *Genoveva* und die fluchbeladene Romantik des *Manfred* jetzt einer tieferen und zugleich abgeklärteren Romantik Platz.

Der *Faust*, Schumanns bedeutendste dramatische Komposition, hat ihn fast zehn Jahre lang ununterbrochen beschäftigt. In Goethes Meisterwerk findet Schumann — mehr als in den Gedichten — eine ihm verwandte mystische Poesie und Gedankenwelt, die nach seiner Musik verlangt. Wir begegnen daher im *Faust*, vor allem in seinem letzten Teil, jener völligen Verschmelzung der Töne und Worte, die uns aus den von Eichendorff und Heine inspirierten Liedern bekannt ist.

Die dreizehn, in drei Teilen zusammengefaßten Szenen, die durch eine Ouvertüre eingeleitet werden, sind weder musikalisch noch dramatisch eine Einheit; vielmehr spiegeln sich in der über neun Jahre sich erstreckenden Komposition des *Faust* alle Schwankungen des Schumannschen Genies wider, wie es sich unter den wechselnden Einflüssen der Eingebung, der Erschöpfung, der seelischen Krisen entfaltet. 1844, nach seiner Rückkehr aus Rußland, nimmt der Komponist dieses lang ersehnte Werk in Angriff, und zwar zunächst den letzten, gedankenreichsten Teil des *Faust II*. Der anfängliche Schwung wird dann durch eine Periode der Unfruchtbarkeit unterbrochen; aber das begonnene Werk läßt Schumann nicht wieder los. In den Jahren 1847 und 1848 vollendet er diesen letzten Teil und arbeitet im darauffolgenden Jahr an den beiden ersten Teilen.

Von den ersten drei Szenen aus *Faust I* (*Der Garten, Gretchen vor der Mater Dolorosa, Im Dom*) ist die letzte am weitesten ausgeführt. Margarethe redet mit dem bösen Geist; ein erbarmungsloses *Dies irae* erklingt: die Akkorde des Chors, getragen von den Blechbläsern, schreiten gewaltig, mit zermalmender Wucht voran. Die betäubende Wirkung erreicht ihren Höhepunkt in dem *Judex ergo*, das auf die Klage der Sünderin und das Lachen des Mephistopheles folgt.

*Ariel und die Sonne* führt uns ein in die mystischere Stimmung des *Faust II*. Schumann folgt Goethes Angaben: (*Ariel, Gesang von Äolsharfen begleitet*), und schildert diese erste Szene mit Geigen und Harfen — in ihrer flüssigen, schwerelosen Instrumentation eine der schönsten Seiten, die Schumann je geschrieben hat.

Mit der *Mitternacht*, wo die Schatten der *Vier grauen Weiber* — der Mangel, die Schuld, die Sorge, die Not — erscheinen, tritt Schumann ein in die Reihenfolge der letzten Szenen von *Faust II*. *Fausts Tod* verkündet die Vergänglichkeit: «Verweile doch, du bist so schön!»;

Ver_wei _ le doch, du bist so  schön!...

aber die Bitte bleibt unerfüllt, der Augenblick flieht... Zur gleichen Zeit, da Faust die Erfüllung seines Lebenswerkes erreicht zu haben meint, schaufeln die Lemuren im Rhythmus unerbittlicher Geschäftigkeit sein Grab. Sie ergreifen sein Sterbliches, ein Trauermarsch ertönt und verklingt langsam in der Ferne.

Die Visionen, die Schumann zunehmend verfolgten — er sah sich späterhin von Lemuren zerfleischt und von Engeln emporgetragen — und die so seltsam vorausbedeutend durch Goethes Verse geistern, erleben eine Verwandlung ins Musikalische, die sich einer rein ästhetischen Beurteilung entziehen. In diesem dritten Teil des Werkes wird der Goethesche Text selber Musik, und Schumanns Genie erreicht seine höchste Vollkommenheit. Von allen Musikern, die jeder «ihren» Faust geschrieben haben (Liszt, Berlioz usw.), ist nur er dem eigentlichen Gehalt jenes Werkes nahegekommen, das die gesamte westliche Kultur so tief beeindruckt hat.

Im Sommer 1849 wird der *Faust* in seiner damaligen Gestalt zur Feier von Goethes hundertstem Geburtstag gleichzeitig in Dresden, in Leipzig und — welche Freude! — in Weimar gespielt: «Dieses schöne und großartige Werk», schreibt Liszt von Weimar an seinen Freund, «hat den schönsten und großartigsten Eindruck gemacht.»

*Niemals*, schreibt Schumann, *war ich tätiger, nie glücklicher in der Kunst. Manches hab' ich zum Abschluß gebracht, mehr noch liegt von Plänen für die Zukunft vor. Teilnahme von fern und nah gibt mir auch das Bewußtsein, nicht ganz umsonst zu wirken — und so spinnen und spinnen wir fort und zuletzt uns selber gar ein.*

In diesem fruchtbaren Jahr entstehen noch zahlreiche Chöre und Werke für Blasinstrumente (op. 76 für Klavier und Horn, op. 73 für Klavier und Klarinette, op. 86 für vier Hörner und großes Orchester). 1850 winkt eine große Hoffnung: endlich Dresden verlassen zu können. Hiller gibt die Leitung des Düsseldorfer Orchesters auf und schlägt Schumann als seinen Nachfolger vor. Die Rheinländer lieben gute Musik und sind fürs Moderne empfänglich. Nach langem Zögern sind Schumann und Clara entschlossen: «Wir werden um keinen Preis in Dresden bleiben», schreibt Clara ins Tagebuch, «wir langweilen uns entsetzlich . . . nicht *ein* Musiker weit und breit.»

Im Herbst trifft der neue Musikdirektor in Düsseldorf ein, wo er überaus herzlich und voll ehrerbietiger Bewunderung empfangen wird. Die freie und freundliche Atmosphäre des Rheinlandes läßt Robert und Clara auf glückliche Jahre hoffen, und voll Freude schickt Schumann sich an, das Dirigentenpult zu besteigen. Gewisse Bedenken wegen seiner Unerfahrenheit schwinden rasch dahin: Chor und Orchester sind beide vortrefflich. Schumann zweifelt nicht daran, endlich die Stellung und das musikalische Milieu gefunden zu haben, die er sich schon so lange wünscht.

Diese heitere Stimmung ist seiner Arbeit günstig. Im Oktober schreibt er das *Konzert für Violoncello op. 129* und im November und Dezember — immer mit der gleichen erstaunlichen Schnelligkeit — die *Rheinische Symphonie op. 97*. Ursprünglich wollte Schumann ihr den Titel *Begleitung für eine feierliche Zeremonie* geben: sie war unter dem Eindruck des Gepränges geschrieben worden, das Köln anläßlich der feierlichen Einsetzung des neuen Erzbischofs entfaltete. Auch der tiefe Zauber, den der «Vater Rhein», der Schutzgott deutschen Landes, schon auf den jungen Schumann ausübte, hat an jenem Werke mitgewirkt. Schumann wohnte in der Nähe des Flusses und versank oft in Träumereien beim Betrachten des vorübereilenden Wassers. Im folgenden Jahre komponiert Schumann seine letzte Symphonie, deren Skizze schon 1841 gespielt worden war.

Die vier umfangreichen und formreichen Symphonien Schumanns verlangen eine genaue Analyse, die über den Rahmen dieser Arbeit hinausgeht. Statt die verschiedenen Sätze, Themen und Durchführungen eilig und ungenau zu beschreiben, ziehen wir es vor, die verschiedenen musikalischen Probleme, die sie dem Hörer stellen, kurz und zusammenfassend zu erörtern.

Mehr als jedes andere Schumannsche Werk spiegeln die vier *Symphonien* das Ringen einer fessellosen und tief romantischen Phantasie mit einem Geiste wider, der sie meistern und zugleich in ihrer ursprünglichen Fülle unangetastet erhalten möchte. Das romantische Empfinden, in welchem das «Ich» sich unmittelbar und instinktiv äußert, sucht hier über sich selber hinauszukommen durch den Willen zu bewußter Meisterung des Stofflichen sowie durch eine «klassische» Auffassung, nicht etwa eines «Stiles» (wie es bei Brahms der Fall ist), sondern des künstlerischen Schaffens selber.

Eine ungewöhnlich reiche Inspiration, die jede kleinste Gefühlsschwankung musikalisch wiederzugeben weiß, ergeht sich in dem Gewebe des symphonischen Aufbaus ständig in neuen Themen und Sonderformen — wir denken hier etwa an jene lyrische «Einleitung» zu fast allen Allegrosätzen oder an jene Entlehnungen aus früheren Werken, beispielsweise an das fast unverändert übernommene Motiv des achten Stücks der *Kreisleriana* im *Finale* der *Ersten Symphonie* oder an jenes Motiv aus einer *Novellette* im dritten Satz der *Rheinischen Symphonie*. Die zeitlich wie räumlich gesteigerten Dimensionen der Symphonie (lang ausgesponnene Sätze, reiche Orchestrierung) erhöhen für eine an sich schon überquellende Phantasie noch die Gefahr des Sichverlierens. In *Paradies und Peri*, in *Manfred* oder in der *Pilgerfahrt einer Rose* fühlt Schumann sich nicht von ihr bedroht, da der Text der Dichtung diesen Werken eine gewisse äußere Einheit verleiht, ohne jedoch auch eine entsprechende innere Einheit zu bewirken. Auch tritt Schumanns Genie am deutlichsten in der geschlossenen, konzisen Form der Ouvertüre (*Manfred, Paradies und Peri*) sowie in einigen Szenen des *Faust* zutage. In den *Symphonien* aber bemüht sich der Komponist am meisten und mit bewundernswertem Erfolg um Einheit, und zwar um eine Einheit ganz neuer Art; denn nach der umwälzenden Wirkung von Beethovens *Neunter* kann Schumann nicht auf die erstarrten Ruheformen der Überlieferung zurückgreifen, noch kann er seine romantische Natur verleugnen.

Gleich in der *Ersten Symphonie op. 38* tritt sein gebieterischer Einheitswille in Erscheinung. Das erste Thema der von einem Verse Böttigers: *Im Tale blüht der Frühling auf* inspirierten Einleitung

läßt das Thema des *Allegro* aus sich hervorgehen und erscheint noch einmal im *Finale*. Das Thema des Scherzo wird am Schluß des Larghetto vorbereitet. In der *Zweiten Symphonie in C-Dur op. 61* läßt bereits die Einleitung sowohl die Themen des *Allegro* als auch des *Finale* anklingen, in welch letzterem sich außerdem die Grundelemente des *Adagio* wiederfinden. Ein einzigartiges Festhalten des C-Dur-Grundakkords durch alle Sätze des Werks — auch im c-Moll des *Adagio* — beweist bis in die Tonart hinein diese ständige Sorge um den inneren Zusammenhang.

In der *Symphonie in d-Moll op. 120*, deren erste Fassung aus dem Jahre 1841 stammt, während die zweite erst nach langer Reifezeit zehn Jahre später geschrieben wurde, ist dieses Bemühen um eine neue Form der Einheit noch auffallender. Der ursprüngliche Titel einer *Symphonischen Phantasie*, unter dem sie 1841 in Leipzig aufgeführt wurde, zeigt Schumanns Bestreben, die überlieferte Form der Symphonie zu sprengen. Die verschiedenen Sätze des zyklisch gedachten Werks gehen ohne Unterbrechung ineinander über; und ein Hauptthema

*Schumann. Daguerrotypie, 185*

schweißt auch noch die äußersten Teile zu einem organischen Ganzen zusammen. (Es beschäftigt Schumann seit langem: im März 1842 notiert er sich's auf der einsamen Rückreise von Hamburg, wo er Clara zurückgelassen hat, in seinem Reisetagebuch.) In den beiden umfangreichsten Sätzen: dem ersten und letzten, die wie Pfeiler den Bau des Ganzen tragen, erscheint das Thema zunächst in seiner ursprünglichen Form und dann in einer verkürzten Gestalt, die im *Finale*, um einen neuen Rhythmus bereichert, wiederkehrt. Die übrigen thematischen Elemente sind nach dem gleichen Prinzip vielfältig miteinander verwoben. Das Thema der *Einleitung*, das an Bedeutung dem oben angeführten Thema gleichsteht, beherrscht die ganze *Romanze* — versteckt im ersten Teil und offen im Mittelteil — sowie das ganze *Scherzo*, und zwar zunächst in einer Umkehrung des Motivs und sodann, im *Trio*, in einer geistreichen chromatischen Abwandlung...

Schumanns ganz persönliche Auffassung der Symphonie besteht vorwiegend darin, daß er ihre verschiedenen Episoden organisch miteinander verbindet, und zwar im Rahmen einer Form, deren überlieferungsmäßige Einheit durch die Anforderungen der modernen Fühlweise und des romantischen Ausdruckswillens erschüttert worden ist. Zwischen Beethovens die Form revolutionierenden Symphonien und Brahms' die Form im Rahmen eines beherrschten Romantizismus wiederherstellenden Symphonien bezeichnen Schumanns Symphonien, zumal die *Vierte*, einen wesentlichen Moment in der Entwicklung dieser musikalischen Form.

Das Urteil unserer Epoche ist nicht einhellig: eine allzu herkömmliche und oft schwerfällige Orchestrierung täuscht gelegentlich hinweg über den wirklichen Rang der Symphonien. Tatsächlich haben Berlioz und Wagner, und nicht Schumann, das moderne Orchester geschaffen und haben es — übrigens in entgegengesetzten Richtungen — aus einem bloßen «Klangkörper» zu einem wesentlichen Element der musikalischen Sprache wie des musikalischen Gedankens weiterentwickelt. Trotzdem lebt in jenen vier bedeutenden Werken ein leidenschaftliches Suchen nach einer romantischen Form, dem sie ihre einzigartige lyrische Größe und Eindringlichkeit verdanken.

*Manuskript der 1. Sonate für Piano und Violine*

## DER WEG IST SO WEIT...

Die Jahre 1851 — 1853 sind Schumanns letzte schöpferische Jahre. Wenn seine Leiden und seine nervösen Störungen ihm halbwegs Ruhe gönnen, produziert er ununterbrochen und in einer gewissen Hast. Er kehrt zu sämtlichen Kunstformen, die seine Entwicklung gekennzeichnet haben, zurück: zum Klavier mit den *Drei Sonaten für die Jugend op. 118*; zum Lied mit dem Zyklus der Elisabeth Kulmann; und zu den Chören. Es ist die Epoche der großen *Ouvertüren*, des letzten *Trios*, des *Konzertstücks* für Klavier und Orchester und der *Sonaten* für die Geige, die Stück für Stück in wenigen Tagen geschrieben worden sind.

An Plänen fehlt es auch nicht. Die reiche Kunstform des Oratoriums für Solostimmen, Chor und Orchester, in deren Rahmen Schumann sein Bestes glaubt geben zu können, lockt ihn noch immer. Er denkt daran, einen *Luther* zu schreiben: *Höre fleißig auf alle Volkslieder; sie sind eine Fundgrube der schönsten Melodien und öffnen dir den Blick in den Charakter der verschiedenen Nationen.*

Er sammelt längs des Rheines jene Lieder, deren Echo in der *Dritten Symphonie* ertönt; und aus seinem Oratorium will er *etwas Volkstümliches* machen, das alle Menschen, Städter wie Bauern, verstehen können, wie es dem Charakter Luthers, der *ein großer Mann aus dem Volke* war, entspricht . . . Eine erstaunliche Vorahnung neuer, noch unerforschter musikalischer Möglichkeiten! Dieser Plan bleibt unausgeführt; aber in *Der Rose Pilgerfahrt op. 112* nimmt diese Eingebung Gestalt an. Das Werk leidet unter dem schwachen Text, und die Musik ist reichlich blaß. Aber Schumanns Vorliebe für diese Form läßt nicht nach: er schreibt außerdem noch *Des Sängers Fluch, Das Glück von Edenhall* nach Uhland, und den *Pagen und die Königstochter* nach Geibel.

*Johannes Brahms*

Düsseldorf, der rheinische Kreuzungspunkt, verlockt offenbar zum Reisen. Clara und Robert begeben sich schon bald nach Süddeutschland, reisen weiter bis in die Schweiz und genießen ihre Freiheit. Auf diese vergnügliche Ferienreise folgen verschiedene Tourneen. In Brüssel, in Antwerpen, und vor allem in Holland werden sie mit Triumph empfangen. Zu seiner großen Überraschung stellt Schumann fest, daß seine Musik in Holland *mehr zu Hause* ist als in Deutschland. Überall finden vorzügliche Aufführungen seiner Symphonien, sogar der schweren zweiten und dritten, statt; und im Haag hat man *Der Rose Pilgerfahrt* aufgeführt. Schumann fühlt sich endlich verstanden und ist glücklich.

In Düsseldorf aber wird Schumann die Freude am Dirigieren

eines Orchesters bald vergällt werden. Zu spät auf den Platz eines Dirigenten gelangt, zu reif und zu selbständig und außerdem daran gewöhnt, einer inneren Musik zu lauschen, passiert es ihm, sich so sehr in dem grade in Aufführung befindlichen Werk zu verlieren, daß er seine Musiker vergißt und in eine tiefe Träumerei versinkt, die sich wenig mit der gesammelten Anspannung und bewußten Aufmerksamkeit verträgt, die für die Leitung eines Orchesters unentbehrlich sind. Das Orchester und die Chöre, verwirrt durch diesen Mangel an Festigkeit und allzu sehr sich selbst überlassen, gehen bei dieser Anarchie rasch in ihren Leistungen zurück. Schon in der ersten Zeit nehmen die Zeitungen eine anfangs zurückhaltende und dann offen feindliche Haltung ein. Das Komitee der «Musikalischen Gesellschaft» empfindet sich mitbetroffen, und Nebenbuhler tauchen auf. 1852 hindert eine durch Zerebralanämie verursachte Krise Schumann für einige Zeit, das Dirigentenpult zu besteigen, und das Publikum gibt seine Stimme ab für Tausch als seinen Nachfolger. Schumann, der von einer Kur in Scheveningen zurückkommt und, immer schon schweigsam, jetzt nur mühsam und verlegen zu reden vermag, kann sich nicht durchsetzen. Er strengt sich unter dem Druck der Notwendigkeiten um so mehr an, vielleicht ohne sich seines Versagens überhaupt bewußt zu sein: *Traurige Erschöpfung meiner Kräfte,* schreibt er und klagt über böse Schmerzen.

*Der Geiger Joachim
Zeichnung von H. Grimm*

Wenn er dirigiert, fürchtet Clara, die im Saal zuhört, jedes Mal, ihn ohnmächtig werden zu sehen.

Man vergißt seine zweifellosen musikalischen Verdienste. Im Orchester, im Komitee und im Publikum wächst die Opposition und geht sehr bald über in eine aufgebrachte Stimmung. Schumann sieht sich in brutaler Weise gezwungen, um seine Entlassung einzukommen. Immerhin scheinen die Gemüter sich anläßlich der Festspiele im Frühjahr 1853 zu beruhigen. Schumann hat mit seinem für diese Gelegenheit komponierten *Rheinweinlied* und vor allem mit der *Vier-*

ten *Symphonie* einen entschiedenen Erfolg. Es gibt Ovationen und Lorbeeren, aber seine Aufführung des Händelschen *Messias* mißfällt. Schließlich läßt man ihm nur die Aufführungen der eigenen Werke, und Tausch übernimmt seinen Platz. Der schmerzlich gekränkte Schumann gibt nach und nimmt die Bedingungen des Komitees an. Clara empfängt die Überbringer des Ultimatums. Sie ist unglücklich, daß sie ihrem Robert diese bittere Kränkung nicht ersparen kann. Am liebsten würde sie sofort mit ihm die Stadt verlassen. Aber wenn man sechs Kinder hat . . .

Aufs neue denkt Schumann daran, sich in Wien oder in Berlin niederzulassen; aber seine Kraft ist erschöpft, und er fühlt es. Immer mehr zieht er sich von der Welt zurück; seine innere Stimme verstummt; er sucht Trost bei den Dichtern und sammelt beim Lesen für seinen *Dichtergarten* alles, was seit Homer bis zu Jean Paul über die Musik geschrieben worden ist. Dennoch durfte Schumann, ehe er aus dem Leben schied, die Gewißheit haben, daß seine Kunst verstanden werden und ihr Geist weiterleben würde.

Im Mai 1853 hören Clara und Robert den Geiger Joachim das Beethovensche Violinkonzert spielen: *wie sie niemals Geige haben spielen hören*, sagt Clara. Nie habe ein Virtuose ihr solchen Eindruck gemacht. Joachim, ein großer Künstler, ein tiefgütiger Mensch und ein treuer Freund, bringt Schumann am Abend seines Lebens eine Bewunderung entgegen, die diesem innig wohltut. Er schafft um ihn herum eine Atmosphäre jugendlich-froher musikalischer Begeisterung, und Schumann lebt auf. *Joachim alles bezaubernd*, heißt es im *Tagebuch; Joachim wundervoll. Früh und abends mit Joachim musiziert. Schöne Stunden.*

*31. September. Herr Brahms aus Hamburg*, notiert lakonisch das *Tagebuch.* Mit welchen Worten aber begrüßt Schumann diese Offenbarung! In seinem letzten Artikel *Neue Bahnen* heißt es: *Eine neue Kraft der Musik scheint sich anzukündigen . . . Und er ist gekommen, ein junges Blut, an dessen Wiege Grazien und Helden Wache hielten. Er heißt Johannes Brahms. Er trug, auch im Äußeren alle Anzeichen an sich: das ist ein Berufener. Am Klavier sitzend fing er an, wunderbare Regionen zu enthüllen. Wir werden in immer zauberischere Kreise hineingezogen . . . Es schien, als ver einige er, als Strom dahinbrausend, alle die verschiedenen Stimmen wie zu einem Wasserfall, über die hinunterstürzenden Wogen den friedlichen Regenbogen tragend. Seine Mitgenossen begrüßen ihn bei seinem ersten Gang durch die Welt, wo seiner vielleicht Wunden warten werden, aber auch Lorbeern und Palmen; wir heißen ihn willkommen als starken Streiter.*

Umgeben von dem Glauben der Generation, die die Fackel we

terreichen wird, kann der Meister sich von der undankbaren Welt, die ihn verkennt, zurückziehen, um mit Clara, mit Joachim und Brahms heiter und friedlich zu leben, wie es seiner eigentlichen Natur entspricht. In diesem Jahre 1853 beruhigt sich sein Leiden. «Robert ist so heiter», sagt Clara, «daß ich mich wahrhaft an ihm erheitere.» Und im *Tagebuch* heißt es am 13. September, Claras Geburtstag: *Freudentag. Wunderschönes Wetter. Benrath. Dann Überraschung.* Die Überraschung war ein neuer Flügel. Und Clara schreibt: «Ich kann es nicht ausdrücken, wie ich fühlte, aber mein Herz war erfüllt von Liebe und Verehrung für Robert, und Dank dem Himmel für das hohe Glück, womit er mich überschüttet. Es klingt vielleicht übermütig, wenn ich es sage, doch ist es denn nicht wahr, bin ich nicht das glücklichste Weib auf der Erde?»

*Robert und Clara Schumann. Daguerreotypie, 1850*

Eine letzte Freude: die Reise im Januar 1854 nach Hannover, wo Brahms und Joachim ein Schumann-Festspiel vorbereitet haben, dessen uneingeschränkter, beglückender Triumph Schumann die Bitternisse in Düsseldorf vergessen läßt.

Noch einmal kehrt die Inspiration zurück. Es entsteht die *Faust-Ouvertüre*, die endlich das gigantische Werk beschließt und krönt; ferner ein *Konzert-Allegro* für Klavier und Orchester, op. 134, ein *Violinkonzert*, das Joachim gewidmet ist, sowie eine gemeinsam mit Brahms und Dietrich geschriebene *Sonate*.

Und dann folgt Schumanns letztes Werk: die *Gesänge der Frühe*. Nach den *Symphonien* und dem *Faust* kehrt er noch einmal zum Klavier zurück, um ihm diese letzte erschütternde Botschaft anzuvertrauen. *Es sind Stücke,* schreibt er an seinen Verleger, *die die Empfindungen beim Herannahen und Wachsen des Morgens schildern, aber mehr aus Gefühlsausdruck als Malerei.*

Die *Gesänge der Frühe* sind der *sehr hohen Dichterin* Bettina gewidmet. Aber Schumann, auf der Schwelle des Wahnsinns und in seinem innersten Gefühl schon über sie hinaus, hat ihnen noch eine andere Überschrift gegeben: An *Diotima* — heimliche Widmung an die Heldin des wahnsinnigen Hölderlin.

Die schweren, ruhigen Akkorde des die reine Linie der Melodie tragenden fünfstimmigen Kontrapunktes entfalten sich wie eine Legende. Man denkt bei diesem Abschied von der Musik an Bachs letzten, auf dem Sterbebett diktierten Choral und an den letzten Orgelchoral von Brahms. Über alle Inspiration und alle Stile hinweg erleben wir, von einem Werk zum anderen sich steigernd, die Befreiung des zur Vollendung hinaufgeläuterten Genies zu einer letzten Heiterkeit und Gelassenheit. Hier muß man Schumann selber sprechen lassen – durch die Endtakte der ersten Seite dieses letzten Meisterwerks eines romantischen Künstlers.

Die *Gesänge der Frühe*, Schumanns Abschied von der Musik, sind aber nicht zugleich auch sein Abschied von jener Geisterwelt, die all seine Eingebungen, sein Leben, sein Genie genährt hat: ein romantisches Schicksal vollendet sich anders. Wie Hölderlin und wie E. T. A. Hoffmann wird Schumann seinen höchsten Augenblick überleben.

Das friedliche Bürgerdasein, das er führt, ist nur ein Damm gegen das Überhandnehmen jener Gewalten, die er sonst nicht meistern könnte. Seit langem fühlt er sich bedroht vom Wahnsinn: dem Schicksal derer, die sich zu weit hinausgewagt haben. Er hatte die Verlockung dieser unheimlichen Welt nur deshalb in seiner Kunst gestalten können, weil er sie — die Quelle aller romantischen Eingebung — aus seinem Alltag verbannte und ihren Geistern, wie Faust, nach seinem Willen gebot. Die sorgfältige Ordnung seines Alltagswie seines Gedankenlebens, die vorsichtige Regelung seiner Beziehungen zu der ihn umgebenden Welt — es sind im Grunde lauter Exorzismen.

Es kommt aber der Augenblick, wo die erschöpfte Phantasie die inneren Stimmen nicht mehr zum Klingen bringt, wo die rettende Ordnung nur noch ein verdüstertes Schweigen übrigläßt. Es ist zu spät, um zu den Menschen zurückzufinden — *der Weg ist schon zu lang*. Sie haben den nun verstummten Sänger so sehr gepeinigt, daß er immer noch verzweifelt zu jenen Höhen zurückstrebt, zu denen sein Gesang ihn früher entführte. Schumann flüchtet sich ins Okkulte und befragt mit gläubiger Hingabe die «klopfenden Tische». *Die Tische wissen alles*, sagt er. Es handelt sich hier nicht um das Spiel einer unfruchtbar gewordenen Phantasie, sondern um einen äußersten Versuch, die Grenze des Rationalen zu überwinden. In seiner Lektüre sucht Schumann die gleiche Hilfe für seine versagende Inspiration. Er sammelt nun nicht mehr harmlose Maximen für den *Dichtergarten*, sondern kehrt zu Jean Paul zurück, der früher sein Schöpfertum beflügelt hat.

Im Februar 1854 melden sich jene schon gewohnten Störungen aufs neue: Sprachschwierigkeiten und Gehörhalluzinationen. Er hört unentwegt den Ton *a*. Mehr und mehr quält ihn die Angst, seine Krisen könnten nicht wieder abklingen und er den Verstand verlieren. Er schreibt an Joachim, daß alle Musik verstummt sei.

Plötzlich — am 10. Februar — erklingt sie in ihm selber. Jene unerträgliche Note *a* wird unabhängig, wird fürchterlich, wird Musik: unablässig bohrende Musik... Clara schildert in ihrem Tagebuch jene qualvolle Verwandlung aller äußeren Geräusche in eine innere Musik, die Schumann bisweilen als überirdisch-herrlich empfindet.

Diese qualvollen Halluzinationen scheinen sich mehr und mehr des Kranken zu bemächtigen, der ihren Qualen wie ihren Freuden

141

*Die Heilanstalt in Endenich bei Bonn*

wehrlos ausgeliefert ist. Jene überirdisch schöne und nach den Monaten des Schweigens in trunkener Fülle hervorströmende Musik ist — er ahnt es — eine tödliche Gefahr, gegen die er, wie er es stets getan hat, tapfer und ergeben ankämpft durch die verständigste nüchternste Arbeit: er verbessert sein Cellokonzert. Auf dem Wege, der in den Wahnsinn hineinführt, begleitet Claras ohnmächtige Liebe ihn wie von ferne. In der Nacht vom 17. zum 18. Februar hört sie ihn, der mit offenen Augen daliegt, wirre Dinge reden. Er lauscht auf die Stimmen der ihn umschwebenden Engel, die gegen Morgen von andrängenden Teufeln in Gestalt von Tigern und Hyänen verdrängt werden, begleitet von einer *grauenvollen Musik*. Solche Umnachtungen wechseln ab mit lichten Augenblicken. Bald, sagt Clara, schreie er vor Schmerzen und sie leide seine Qualen mit; bald schreibe er wie unter dem Diktat von Engeln. Dann verkläre ein Ausdruck glückseligen Friedens seine Augen, aber auch diese übernatürliche Ruhe drücke ihr das Herz ab.

Am 21. Februar scheint die Krise sich zu beruhigen. Die Stimmen schweigen. Schumann schreibt einige Briefe und spielt eine Sonate. Aber er hält sich für einen Verbrecher; zuweilen bittet er Clara, ihm fernzubleiben, damit er sie nicht verletze. Und plötzlich begreift er seinen Zustand. Alle Ängste seines Lebens brechen über ihn herein er ist wahnsinnig. In ihrem Tagebuch schildert Clara, wie er plötzlich um halb zehn sich erhoben und seine Kleider verlangt habe: er habe die Herrschaft über sich verloren und wolle sich in eine Irrenanstalt begeben, denn er wisse nicht, was er in der Nacht Schreckliches begehen könne. Er habe, sagt sie, sorgfältig alle Dinge ausgewählt, die er mitnehmen wollte: Uhr, Geld, Notenpapier, Federn und Zigarren. Und als Clara ihn fragt, ob er denn Frau und Kinder verlassen wolle, antwortet er, es sei nur für kurze Zeit, er werde bald geheilt wiederkommen.

Das ihn verfolgende Schuldgefühl wird immer dringlicher, so daß er am Morgen des 27. Februar in seiner Verzweiflung aus dem Haus läuft und sich in den Rhein stürzt.

Ist es Wahnsinn, der ihn so handeln läßt, oder hellsichtige Verzweiflung? Wird der alte Vater Rhein ihm den verlorenen Frieden wiedergeben? Vor diesem qualvollen Drohen des Wahnsinns gibt es für Schumann keine Zuflucht, nicht einmal die in den Tod. Rheinschiffer retten ihn und bringen ihn zurück in seine Wohnung.

Fortan wird Schumann, der nur noch ein Schatten seiner selbst ist, als Wahnsinniger behandelt. Clara, die ihr achtes Kind erwartet, wird von ihm ferngehalten. Er selber wird nach Endenich in die dortige kleine Heilanstalt gebracht, wo er noch zwei Jahre lebt. Er selber wünschte diese Trennung, teils in der Hoffnung, er werde genesen, teils aus Furcht, er werde in einem Anfall von Raserei seinen Kindern etwas antun.

Er wird nicht eingeschlossen, sondern darf Gäste empfangen. Brahms und Joachim besuchen ihn. Er hat ein Klavier; er geht spazieren. Auf einem Atlas macht er weite Reisen. Sein Arzt, der Doktor Richartz, versichert, Schumanns Bewußtsein sei verletzt und verdunkelt, aber nicht zerstört gewesen. Er habe sein klares Ichbewußtsein nie verloren, nur habe die krankhafte Schwermut ihn bis zu seinem Tode nicht mehr verlassen.

Wenn er in Endenich anfangs noch einige Hoffnung auf Genesung hatte, so wird ihm doch bald alles, was er zurückgelassen hat, fremder und fremder.

*O könnt' ich euch einmal sehen und sprechen; aber der Weg ist doch zu weit. So viel möchte ich von Dir erfahren, wie Dein Leben überhaupt ist, wo Ihr wohnt und ob Du noch so herrlich spielst wie sonst . . .*

*Könntest Du mir vielleicht etwas Interessantes schicken, vielleicht die Gedichte von Scherenberg, einige ältere Bände meiner Zeitschrift und die musikalischen Haus- und Lebensregeln. Dann fehlt es mir sehr an Notenpapier, da ich manchmal etwas an Musik aufschreiben möchte. Mein Leben ist sehr einfach . . .*

*Clara Schumann*

Kurz darauf will er keinen Besuch mehr empfangen. Er schreibt auch nicht mehr. Am 23. Juli 1856 liegt Schumann, der keine Nahrung mehr zu sich nehmen will, im Sterben. Clara, die herbeieilt, darf ihn endlich sehen. *Er lächelte mich an, schreibt sie, und schlang mit großer Anstrengung, denn er konnte seine Glieder nicht mehr regen, seinen Arm um mich... Um alle Schätze gäbe ich diese Umarmung nicht wieder hin.*

Am 29. Juli stirbt Schumann nach ein paar Stunden qualvoller Leiden.

Wie seltsam hellsichtig reden doch von ihm, dem ans Ziel seiner nächtlichen Reise Gelangten, jene Verse Hölderlins:

>    Es reiche aber,
>    Des dunkeln Lichtes voll,
>    Mir einer den duftenden Becher,
>    Damit ich ruhen möge; denn süß
>    Wär' unter Schatten der Schlummer.
>    Nicht ist es gut
>    Seellos von sterblichen
>    Gedanken zu sein...

*Die letzte Seite von Claras Tagebuch*

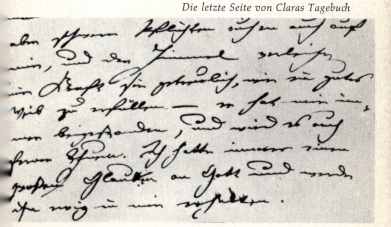

# MUSIKALISCHE HAUS- UND LEBENSREGELN

Die Bildung des Gehörs ist das Wichtigste. Bemühe dich frühzeitig, Tonart und Ton zu erkennen. Die Glocke, die Fensterscheibe, der Kuckuck — forsche nach, welche Töne sie angeben. —

Du sollst Tonleitern und andere Fingerübungen fleißig spielen. Es gibt aber viele Leute, die meinen, damit Alles zu erreichen, die bis in ihr hohes Alter täglich viele Stunden mit mechanischem Üben hinbringen. Das ist ungefähr ebenso, als bemühe man sich täglich, das ABC möglichst schnell und immer schneller auszusprechen. Wende die Zeit besser an. —

Man hat sogenannte «stumme Claviaturen» erfunden; versuche sie eine Weile lang, um zu sehen, daß sie zu nichts taugen. Von Stummen kann man nicht sprechen lernen. —

Spiele im Tacte! Das Spiel mancher Virtuosen ist wie der Gang eines Betrunkenen. Solche nimm dir nicht zum Muster. —

Lerne frühzeitig die Grundgesetze der Harmonie. —

Fürchte dich nicht vor den Worten: Theorie, Generalbaß, Contrapunkt etc.; sie kommen dir freundlich entgegen, wenn du dasselbe thust. —

Klimpere nie! Spiele immer frisch zu, und nie ein Stück halb. —

Schleppen und eilen sind gleich große Fehler. —

Bemühe dich, leichte Stücke gut und schön zu spielen; es ist besser, als schwere mittelmäßig vorzutragen. —

Du hast immer auf ein rein gestimmtes Instrument zu halten. —

Nicht allein mit den Fingern mußt du deine Stückchen können, du mußt sie dir auch ohne Clavier vorträllern können. Schärfe deine Einbildungskraft so, daß du nicht allein die Melodie einer Composition, sondern auch die dazu gehörige Harmonie im Gedächtniß festzuhalten vermagst. —

Bemühe dich, und wenn du auch nur wenig Stimme hast, ohne Hülfe des Instrumentes vom Blatt zu singen; die Schärfe deines Gehörs wird dadurch immer zunehmen. Hast du aber eine klangvolle Stimme, so säume keinen Augenblick sie auszubilden, betrachte sie als das schönste Geschenk, das dir der Himmel verliehen! —

Du mußt es so weit bringen, daß du eine Musik auf dem Papier verstehst. —

Wenn du spielst, kümmere dich nicht darum, wer dir zuhört. —

Spiele immer, als hörte dir ein Meister zu. —

Legt dir Jemand eine Composition zum erstenmal vor, daß du sie spielen sollst, so überlies sie erst. —

Hast du dein musikalisches Tagewerk gethan und fühlst dich er

Schumanns Grab
in Bonn

müdet, so strenge dich nicht zu weiterer Arbeit an. Besser rasten, als ohne Lust und Frische arbeiten. —

Spiele, wenn du älter wirst, nichts Modisches. Die Zeit ist kostbar. Man müßte hundert Menschenleben haben, wenn man nur alles Gute, was da ist, kennenlernen wollte. —

Mit Süßigkeiten, Back- und Zuckerwerk zieht man keine Kinder zu gesunden Menschen. Wie die leibliche, so muß die geistige Kost einfach und kräftig sein. Die Meister haben hinlänglich für die letztere gesorgt; haltet euch an diese. —

Aller Passagenkram ändert sich mit der Zeit; nur, wo die Fertigkeit höheren Zwecken dient, hat sie Werth. —

Schlechte Compositionen mußt du nicht verbreiten, im Gegenteil sie mit aller Kraft unterdrücken helfen. —

Du sollst schlechte Compositionen weder spielen, noch, wenn du nicht dazu gezwungen bist, sie anhören. —

Such' es nie in der Fertigkeit, der sogenannten Bravour. Suche mit einer Composition den Eindruck hervorzubringen, den der Componist im Sinne hatte; mehr soll man nicht; was darüber ist, ist Zerrbild. —

Betrachte es als etwas Abscheuliches, in Stücken guter Tonsetzer etwas zu ändern, wegzulassen, oder gar neumodische Verzierungen anzubringen. Dies ist die größte Schmach, die du der Kunst anthust. —

Wegen der Wahl im Studium deiner Stücke befrage Ältere; du ersparst dir dadurch viel Zeit. —

Du mußt nach und nach alle bedeutenderen Werke aller bedeutender Meister kennenlernen. —

Laß dich durch den Beifall, den sogenannte große Virtuosen oft erringen, nicht irre machen. Der Beifall der Künstler sei dir mehr werth, als der des großen Haufens. —

Alles Modische wird wieder unmodisch, und treibst du's bis in das Alter, so wirst du ein Geck, den Niemand achtet. —

Viel Spielen in Gesellschaften bringt mehr Schaden als Nutzen. Sieh dir die Leute an; aber spiele nie etwas, dessen du dich in deinem Innern zu schämen hättest. —

Versäume aber keine Gelegenheit, wo du mit Anderen zusammen musiciren kannst, in Duo's, Trio's etc. Dies macht dein Spiel fließend, schwungvoll. Auch Sängern accompagnire oft. —

Wenn Alle erste Violine spielen wollten, würden wir kein Orchester zusammen bekommen. Achte daher jeden Musiker an seiner Stelle. —

Liebe dein Instrument, halte es aber nicht in Eitelkeit für das höchste und einzige. Bedenke, daß es noch andere und ebenso schöne gibt

*Clara Schumann im Alter*

Bedenke auch, daß es Sänger gibt, daß im Chor und Orchester das Höchste der Musik zur Aussprache kommt. —

Wenn du größer wirst, verkehre mehr mit Partituren, als mit Virtuosen. —

Spiele fleißig Fugen guter Meister, vor Allen von Joh. Seb. Bach. Das «wohltemperirte Clavier» sei dein täglich Brod. Dann wirst du gewiß ein tüchtiger Musiker. —

Suche unter deinen Kameraden die auf, die mehr als du wissen. —

Von deinen musikalischen Studien erhole dich fleißig durch Dichterlectüre. Ergehe dich oft im Freien. —

Von Sängern und Sängerinnen läßt sich Manches lernen, doch glaube ihnen auch nicht Alles. —

Hinter den Bergen wohnen auch Leute. Sei bescheiden! Du hast noch nichts erfunden und gedacht, was nicht Andere vor dir schon gedacht und erfunden. Und hättest du's, so betrachte es als ein Geschenk von Oben, was du mit Anderen zu theilen hast. —

Das Studium der Geschichte der Musik, unterstützt vom lebendigen Hören der Meisterwerke der verschiedenen Epochen, wird dich am schnellsten von Eigendünkel und Eitelkeit curiren. —

Ein schönes Buch über Musik ist das «Über Reinheit der Tonkunst» von Thibaut. Lies es oft, wenn du älter wirst. —

Gehst du an einer Kirche vorbei und hörst Orgel darin spielen, so gehe hinein und höre zu. Wird es dir gar so wohl, dich selbst auf die Orgelbank setzen zu dürfen, so versuche deine kleinen Finger und staune vor dieser Allgewalt der Musik. —

Versäume keine Gelegenheit dich auf der Orgel zu üben; es gibt kein Instrument, das am Unreinen und Unsauberen im Tonsatz wie im Spiel alsogleich Rache nähme, als die Orgel. —

Singe fleißig im Chor mit, namentlich Mittelstimmen. Dies macht dich musikalisch. —

Was heißt denn aber musikalisch sein? Du bist es nicht, wenn du, die Augen ängstlich auf die Noten gerichtet, dein Stück mühsam zu Ende spielst; du bist es nicht, wenn du (es wendet dir Jemand etwa zwei Seiten auf einmal um) stecken bleibst und nicht fort kannst. Du bist es aber, wenn du bei einem neuen Stück das, was kommt, ohngefähr ahnest, bei einem dir bekannten auswendig weißt — mit einem Worte, wenn du Musik nicht allein in den Fingern, sondern auch im Kopf und Herzen hast. —

Wie wird man aber musikalisch? Liebes Kind, die Hauptsache, ein scharfes Ohr, schnelle Auffassungskraft, kommt, wie in allen Dingen, von Oben. Aber es läßt sich die Anlage bilden und erhöhen. Du wirst es nicht dadurch, daß du dich einsiedlerisch Tage lang absperrst und mechanische Studien treibst, sondern dadurch, daß du dich in lebendigem, vielseitig-musikalischem Verkehr erhältst, namentlich dadurch, daß du viel mit Chor und Orchester verkehrst. —

Mache dich über den Umfang der menschlichen Stimme in ihren vier Hauptarten frühzeitig klar; belausche sie namentlich im Chor, forsche nach, in welchen Intervallen ihre höchste Kraft liegt, in welchen andern sie sich zum Weichen und Zarten verwenden lassen. —

Höre fleißig auf alle Volkslieder; sie sind eine Fundgrube der schönsten Melodien und öffnen dir den Blick in den Charakter der verschiedenen Nationen. —

Übe dich frühzeitig im Lesen der alten Schlüssel. Viele Schätze der Vergangenheit bleiben dir sonst verschlossen. —

Achte schon frühzeitig auf Ton und Charakter der verschiedenen Instrumente; suche ihre eigenthümliche Klangfarbe deinem Ohr einzuprägen. —

Gute Opern zu hören, versäume nie. —

Ehre das Alte hoch, bringe aber auch dem Neuen ein warmes Herz entgegen. Gegen dir unbekannte Namen hege kein Vorurtheil. —

Urtheile nicht nach dem Erstenmalhören über eine Composition; was dir im ersten Augenblick gefällt, ist nicht immer das Beste. Meister wollen studirt sein. Vieles wird dir erst im höchsten Alter klar werden. —

Bei Beurtheilung von Compositionen unterscheide, ob sie dem Kunstfach angehören, oder nur dilettantische Unterhaltung bezwekken. Für die der ersten Art stehe ein; wegen der anderen erzürne dich nicht! —

«Melodie» ist das Feldgeschrei der Dilettanten, und gewiß, eine Musik ohne Melodie ist gar keine. Verstehe aber wohl, was jene darunter meinen; eine leichtfaßliche, rhythmisch-gefällige gilt ihnen allein dafür. Es gibt aber auch andere anderen Schlages, und wo du Bach, Mozart, Beethoven aufschlägst, blicken sie dich in tausend verschiedenen Weisen an: des dürftigen Einerleis namentlich neuerer italienischer Opernmelodien wirst du hoffentlich bald überdrüssig. —

Suchst du dir am Clavier kleine Melodien zusammen, so ist das wohl hübsch; kommen sie dir aber einmal von selbst, nicht am Clavier, dann freue dich noch mehr, dann regt sich in dir der innere Tonsinn. Die Finger müssen machen, was der Kopf will, nicht umgekehrt. —

Fängst du an zu componiren, so mache Alles im Kopf. Erst wenn du ein Stück ganz fertig hast, probire es am Instrumente. Kam dir deine Musik aus dem Innern, empfandest du sie, so wird sie auch so auf Andere wirken. —

Verlieh dir der Himmel eine rege Phantasie, so wirst du in einsamen Stunden wohl oft wie festgebannt am Flügel sitzen, in Har-

«Die Musik der Zukunft»
Zeichnung von Moritz von Schwind

monien dein Inneres aussprechen wollen, und um so geheimnißvoller wirst du dich wie in magische Kreise gezogen fühlen, je unklarer dir vielleicht das Harmonienreich noch ist. Der Jugend glücklichste Stunden sind diese. Hüte dich indessen, dich zu oft einem Talente hinzugeben, das Kraft und Zeit gleichsam an Schattenbilder zu verschwenden dich verleitet. Die Beherrschung der Form, die Kraft klarer Gestaltung gewinnst du nur durch das feste Zeichen der Schrift. Schreibe also mehr, als du phantasirst. —

Verschaffe dir frühzeitig Kenntniß vom Dirigiren, sieh dir gute Dirigenten oft an; selbst im Stillen mit zu dirigiren, sei dir unverwehrt. Dies bringt Klarheit in dich. —

Sieh dich tüchtig im Leben um, wie auch in anderen Künsten und Wissenschaften. —

Die Gesetze der Moral sind auch die der Kunst. —

Durch Fleiß und Ausdauer wirst du es immer höher bringen. —

Aus einem Pfund Eisen, das wenig Groschen kostet, lassen sich viele tausend Uhrfedern machen, deren Werth in die Hunderttausend geht. Das Pfund, das du von Gott erhalten, nütze es treulich. —

Ohne Enthusiasmus wird nichts Rechtes in der Kunst zu Wege gebracht. —

Die Kunst ist nicht da, um Reichthümer zu erwerben. Werde nur ein immer größerer Künstler; alles Andere fällt dir von selbst zu. —

Nur erst, wenn dir die Form ganz klar ist, wird dir der Geist klar werden. —

Vielleicht versteht nur der Genius den Genius ganz. —

Es meinte Jemand, ein vollkommener Musiker müsse im Stande sein, ein zum erstenmal gehörtes, auch complicirtes Orchesterwerk wie in leibhaftiger Partitur vor sich zu sehen. Das ist das Höchste, was gedacht werden kann. —

Es ist des Lernens kein Ende. —

# ZEITTAFEL

| | SCHUMANN | SEINE WERKE | DIE ANDEREN |
|---|---|---|---|
| 1797 | | | Schubert * |
| | | | Heine * |
| 1801 | | | Novalis † |
| 1803 | | | Berlioz * |
| 1805 | | | Schiller † |
| 1806 | | | Hölderlins Wahnsinn |
| 1807 | | | Beethovens 5. Symphonie |
| 1809 | | | Mendelssohn * |
| 1810 | 8. Juni · Robert Schumann in Zwickau * | | Chopin * |
| 1811 | | | Liszt * |
| | | | Kleists Selbstmord |
| 1813 | | | Richard Wagner * |
| | | | Verdi * · Völkerschlacht von Leipzig |
| 1815 | | | Schubert komponiert «Margarethe am Spinnrad» |
| | | | Goethes «Westöstlicher Divan» entsteht |
| 1819 | Schumann hört Moscheles in Karlsbad Clara Wieck * | | |
| 1821 | | | «Der Freischütz» von Weber |
| 1822 | | | E. T. A. Hoffmann † |
| 1823 | | | Beethovens 9. Symphonie |
| 1824 | | | Byron † |
| 1825 | Erste schriftstellerische Versuche | | Jean Paul † |
| 1826 | Schumanns Vater † | | Weber † |
| 1827 | Juniabende, Juliabende | | Beethoven † |
| 1828 | Schumann geht nach beendeter Schulzeit nach Leipzig, um die Rechte zu studieren | | Schubert † |
| 1829 | Studium in Heidelberg Reise nach Italien | | Mendelssohn dirigiert, zum ersten Mal seit Bachs Tode, die «Matthäuspassion» |

154

| SCHUMANN | SEINE WERKE | DIE ANDEREN |
|---|---|---|
| 1830 Ostern · Schumann hört Paganini in Frankfurt; er ahnt seine musikalische Berufung Herbst · Rückkehr nach Leipzig · Schüler von Wieck | Abegg-Variationen op. 1; Papillons op. 2; Toccata op. 7 begonnen | Berlioz' «Symphonie Fantastique» |
| 1831 Kompositionsunterricht bei Dorn | | Goethe beendet den «Faust» |
| 1832 Lähmung der rechten Hand | Etüden nach Paganini op. 3, Intermezzi op. 4; Impromptus über ein Thema von Clara Wieck op. 5 | Goethe † |
| 1833 Heftige Nervenkrise · Gründung der «Davidsbündler» | | Johannes Brahms * |
| 1834 3. April · Erstes Heft der «Neuen Zeitschrift für Musik» | Symphonische Etüden op. 13 | Mendelssohn Leiter des Leipziger «Gewandhausorchesters» |
| 1835 Verlobung mit Ernestine von Fricken; Entdeckung seiner Liebe für Clara Wieck | Carnaval op. 9; Erste Sonate op. 11 | |
| 1836 Schumanns Mutter † Wieck trennt Clara und Robert | Phantasie op. 17 | Schumann und Chopin begegnen sich in Leipzig |
| 1837 Clara spielt die «Symphonischen Etüden» im Gewandhaus | Davidsbündlertänze op. 6; Phantasiestücke op. 12; Kinderszenen op. 15; Kreisleriana op. 16; Noveletten op. 21; Zweite Sonate op. 22 | |
| 1838 Aufenthalt in Wien | | Chamisso † |
| 1839 Schumann fordert gegen Wieck die gerichtliche Anerkennung seiner Ehe mit Clara | Carneval de Vienne op. 26 | |
| 1840 12. September · Schumann heiratet Clara | 138 Lieder | |
| 1841 «Wenige Ereignisse; volles Glück» · Im | Erste Symphonie op. 38 · Skizze der | |

| SCHUMANN | SEINE WERKE | DIE ANDEREN |
|---|---|---|
| | März Aufführung der Vierten Symphonie | |
| 1842 | Drei Streichquartette op. 41; Quintett op. 44; Klavierquartett op. 47 | |
| 1843 | Paradies und Peri · Schumann beginnt den «Faust» (letzte Szene) | Schumann und Berlioz begegnen sich Hölderlin † |
| 1844 | Reise nach Rußland; Schumann läßt sich in Dresden nieder | |
| 1845 | Konzert für Klavier und Orchester op. 54 (1841 begonnen); Fugen; Zweite Symphonie op. 61 (im Dezember); Chöre | Uraufführung des «Tannhäuser» in Dresden |
| 1846 | Versuche, sich in Wien und in Berlin niederzulassen | |
| 1847 | Zwei Trios; Genoveva begonnen | Liszt wird Kapellmeister in Weimar Mendelssohn † |
| 1848 | Genoveva op. 81; Manfred op. 115; Lieder; Zyklus a. d. «Wilhelm Meister» op. 98a; Szenen aus dem «Faust» I.; Kompositionen für Horn, für Klarinette, für Oboe | Revolutionen in Europa. Feiern zu Goethes 100. Geburtstag: Schumanns noch unvollendeter «Faust» in Leipzig, Dresden und Weimar gespielt |
| 1849 | Das «fruchtbare Jahr» · Schumann flieht vor der Revolution aus Dresden nach Kreischa | Chopin † |
| 1850 | Schumann Musikdirektor in Düsseldorf · Aufführung der «Genoveva» in Leipzig | Konzert für Violoncello op. 129; Rheinische Symphonie op. 97 | Lenau † (seit 1844 wahnsinnig) |
| 1851 | «Der Rose Pilgerfahrt» op. 112; die großen Ouvertüren; drittes Trio; Sonaten | |

| SCHUMANN | SEINE WERKE | DIE ANDEREN |
|---|---|---|
| | für Violine; Vierte Symphonie | |
| 1852 Erste Verstimmung zwischen Schumann und der «Musikalischen Gesellschaft» Aufführung des «Manfred» in Weimar und der «Ersten Symphonie» in Düsseldorf | Requiem für Mignon op. 98b; Lieder; Chöre; religiöse Musik | |
| 1854 Musikfest in Hannover; Anfall von Wahnsinn und Selbstmordversuch · Schumann wird ins Asyl von Endenich gebracht | | |
| 1856 29. Juli · Robert Schumann † | | Heine † |
| 1896 Clara Schumann † | | |

# ZEUGNISSE

FELIX MENDELSSOHN-BARTHOLDY

Ich muß Ihnen sagen, daß ich dieses neue Werk von Dr. Schumann *(Paradies und Peri)* mit dem größten Vergnügen gelesen und gehört habe, daß es mir einen Genuß bereitet hat, der es mir leicht machte, den einstimmigen Beifall vorauszusagen, den es ... geerntet hat, und daß ich es für ein hochbedeutendes, edles Werk voller hervorragender Schönheiten halte. In Tiefe des Ausdrucks und poetischem Gefühl steht es sehr hoch, die Chöre sind ebenso effektvoll und gut geschrieben als die Solopartien melodisch und einnehmend sind ...

*An E. Buxton, 1844*

JOSEPH JOACHIM

Schumanns Wesen, das ich diesmal zuerst nachdrücklicher beobachten konnte, war mir in imposanter Größe erschienen; die Grazie der Genialität in ihrer rücksichtslos fatalistischen Wahrheit ist jedem seiner wenigen Worte aufgeprägt, und solch naive Unschuld liegt gleichwohl in seiner Natur, daß man sich bei einiger Kenntnis derselben behaglich fühlen muß; es ist, als ob der Milchbruder des Florestan leibhaftig vor einem stände. Er ist beständig so von Musik erfüllt, daß ich es wahrlich dem Manne nicht verdenken kann, wenn er sich nicht gerne durch Äußeres in ihren Klängen stören läßt ...

*Aus einem Briefe, 1853*

FRANZ LISZT

Schumann hatte, ehe er Musiker wurde, sich zu sehr im Reiche der Phantasie bewegt, zu oft mit den das Feuer und die Luft bevölkernden Geistern verkehrt und in zu vertrauter Bekanntschaft mit jenen seltsamen, anziehenden, unmöglichen Wesen gelebt, wie sie dem Gehirn eines Hoffmann und Jean Paul entspringen, um seine Kunst nicht mit fortzuziehen in diese Regionen, die vielleicht minder göttlich, aber mannigfacher, phantastischer und zauberischer sind, als die jenes abstrakten Gefühls, das mit Sturmeswehen, mit einem Lufthauch die schlummernden Wellen der Instrumentation in Bewegung setzt. Dabei befähigte ihn aber ein seltenes Gleichgewicht zwischen lebhaftem Enthusiasmus, feuriger Einbildungskraft und wohltemperierter Kritik, sich Rechenschaft darüber zu geben, welchen Anteil unsere verschiedenen Fähigkeiten an der Produktion von Werken dieser Art haben.

*Robert Schumann, 1855*

## Friedrich Hebbel

Es war wie bei Uhland die völlige Unfähigkeit, sich auszusprechen. Ich besuchte ihn in Leipzig. Wir standen im Briefwechsel; so hat er mich auch angegangen, ihm die Bewilligung zu erteilen, meine *Genoveva* von Reinick als Text schreiben zu lassen. Ich saß nach kurzer, fast stummer Begrüßung eine Viertelstunde bei ihm. Er sprach nicht und gaffte mich nur an. Auch ich schwieg, um zu erproben, wie lange das dauern werde. Er tat den Mund nicht auf. Da sprang ich wie verzweifelt empor. Auch Schumann langte nach seinem Hute und begleitete mich eine halbe Stunde weit aus der Reitbahnstraße zu meinem Hotel. Er ging stumm neben mir her. Ich tat, grimmig geworden, desgleichen. Beim Hotel angelangt, empfahl ich mich rasch, ohne ihn einzuladen, auf mein Zimmer zu kommen.

*Gespräch mit L. A. Frankl, 1862*

## Detlev von Liliencron

Ich singe jetzt viel aus dem kleinen Heft Schumannscher Lieder, der Text sind Heinesche Gedichte. Ich finde, die ganze Musik darin ist märchenhaft, zauberhaft, voll von unendlicher Schwärmerei. —

Ich bin noch immer, trotz aller Wandlungen, ein wütender Schu**mannianer.** *Aus Briefen, 29. 9. 1871 und 10. 6. 1885*

## Hugo Wolf

Der vorurteilsfreie Standpunkt Schumanns gegenüber dem Werke Berlioz', das innige Verständnis für den poetischen Gehalt desselben, die scharfsinnige Analyse nach dessen formeller, sowie musikalisch inhaltlicher Seite hin, darin Schumann geradezu ein Muster musikalischer Kritik geliefert, endlich die neidlose Anerkennung, die ihn in dem aus innerster Notwendigkeit hervorgegangenen Verfahren Berlioz' einen entschiedenen Fortschritt der Instrumentalmusik erblicken ließ, gereichen dem Kritiker Schumann nicht weniger zur Ehre, als Schumann dem Komponisten ... Oh, wie verehre, wie bete ich Schumann an, wär's auch nur um dieser einen Kritik willen!

*Musikalische Kritik, 5. 4. 1885*

## Friedrich Nietzsche

Schumann, in die «sächsische Schweiz» seiner Seele flüchtend, halb Wertherisch, halb Jean-Paulisch geartet, gewiß nicht Beethovenisch! gewiß nicht Byronisch! — seine Manfred-Musik ist ein Mißgriff und Mißverständnis bis zum Unrechte —, Schumann mit seinem Geschmack, der im Grunde ein kleiner Geschmack war (nämlich ein gefährlicher, unter Deutschen doppelt gefährlicher Hang zur stillen Lyrik und Trunkenboldigkeit des Gefühls), beständig bei Seite gehend, sich scheu verziehend und zurückziehend, ein edler Zärtling, der in lauter anonymem Glück und Weh schwelgte, eine Art Mädchen und noli me tangere von Anbeginn: dieser Schumann war bereits nur noch ein deutsches Ereignis in der Musik, kein europäisches mehr, wie Beethoven es war, wie, in noch umfänglicherem Maße, Mozart es gewesen ist — mit ihm drohte der deutschen Musik ihre größte Gefahr, die Stimme für die Seele Europas zu verlieren und zu einer bloßen Vaterländerei herabzusinken.

*Jenseits von Gut und Böse, 1885/86*

WILHELM FURTWÄNGLER
... Robert Schumann, der edelste und substantiellste aller deutschen Romantiker, der Entdecker neuer Werte, der bei aller Begrenztheit der Umwelt weltoffene Geist ...

*Mendelssohn zu seinem 100jährigen Todestag, 1947*

EDWIN FISCHER
Seine Musik lebt, und unter den Händen magisch veranlagter Künstler, Dirigenten, im herrlichen Timbre einer beseelten Stimme erwacht sein ganzes Zauberreich zu neuem Leben: da ersteht das Wien der vierziger Jahre, da jubelt und singt und tanzt es — und der ganze Zug seiner geliebten Gestalten zieht im Karneval an uns vorüber, der Dichter spricht, Eusebius und Florestan sind unter uns — die *Frauenliebe* und die *Dichterliebe* flammen als herrliche Feuer der ewigen Macht des Eros auf dessen Altar. Zwischen Waldszenen, Kinderszenen, Nachtstücken geistert die Figur des Kapellmeisters Kreisler und für uns Pianisten wurde das Triptychon der C-Dur-Fantasie zum Sinnbild der Seele des Klaviers. *Ruinen — Vater Rhein — Sternennacht* schrieb er über die drei Teile — und wenn die Blumen alle wandern könnten, so zöge ein himmlisches Gefolge der schönsten, der Rosen, der Lilien, der Tulipanen und Kaiserkronen, geführt von der blauen Wunderblume der Romantik an sein Grab, es zu schmükken, und sie sammelten all die Tränen, die er je vergossen, und reihten sie perlengleich aneinander und bildeten eine Himmelsleiter bis hinauf zu den Sternen, zu den seligen Gefilden — in denen sein Geist, nun heiter und unbeschwert, wandelt, in ewiger Harmonie.

*Musikalische Betrachtungen, 1949*

HANS JOACHIM MOSER
Heute sehen wir im Gegensatz zu der Zeit vor hundert Jahren, da Schumann als «unklarer Problematiker» weit hinter Mendelssohn als dem «letzten Großmeister» zurückzubleiben schien, das Verhältnis

wesentlich anders — Schumann steht durch das Irrationale, Metaphysische seines Ringens und Strebens unserm Herzen wie unserer Kunstauffassung näher als Mendelssohns unproblematisch, schattenfreies, restlos «aufgehendes» Gestalten ... Heute sehen wir in dem Meister aus Zwickau keineswegs mehr den Hort rückschrittlicher Schumannianer, sondern den mit Wagner und Liszt in vielem Gleichgerichteten, Zukunftsträchtigen, bei dem Tschaikowskij, Grieg, C. Franck, Wolf, Pfitzner mit Erfolg angeknüpft haben.

*Musikgeschichte in Hundert Lebensbildern, 1952*

# WERKVERZEICHNIS

Kritische Gesamtausgabe. Hg. von CLARA SCHUMANN. 34 Bde. mit Ergän-
zungsband (von JOHANNES BRAHMS). Leipzig 1879—1893.

op. 1   Thema über den Namen Abegg für das Pianoforte variiert. 1830
op. 2   Papillons für Klavier. 1829—1831
op. 3   Studien nach Capricen von Paganini für das Pianoforte. 1832
op. 4   Intermezzi für das Pianoforte. 1832
op. 5   Impromptus über ein Thema von Clara Wieck. 1832
op. 6   Davidsbündlertänze für das Pianoforte. 1837
op. 7   Toccata für das Pianoforte. 1830
op. 8   Allegro für das Pianoforte. 1831
op. 9   Carnaval. 1834/1835
op. 10   6 Konzertetuden nach Capricen von Paganini. 1833
op. 11   Sonate. Clara zugeeignet. 1833—1835
op. 12   Phantasiestücke für das Pianoforte. 1837
op. 13   Etuden in Form von Variationen. 1834
op. 14   Große Sonate. 1835/1836
op. 15   Kinderszenen. Leichte Stücke für das Pianoforte. 1838
op. 16   Kreisleriana. Phantasien. 1838
op. 17   Phantasie für das Pianoforte. 1836
op. 18   Arabeske für das Pianoforte. 1839
op. 19   Blumenstück für das Pianoforte. 1839
op. 20   Humoreske für das Pianoforte. 1839
op. 21   Novelletten für das Pianoforte. 1838
op. 22   Zweite Sonate für das Pianoforte. 1835/1838
op. 23   Nachtstücke für das Pianoforte. 1839
op. 24   Liederkreis von Heinrich Heine. 1840
op. 25   Myrthen. 1840
op. 26   Faschingsschwank aus Wien. 1839
op. 27   Lieder und Gesänge. Heft 1. 1840
op. 28   Drei Romanzen für das Pianoforte. 1839
op. 29   Drei Gedichte von Emanuel Geibel. 1840
op. 30   Drei Gedichte von Emanuel Geibel. 1840
op. 31   Drei Gesänge (Adelbert von Chamisso). 1841
op. 32   Vier Klavierstücke, Scherzo, Gigue, Romanze und Fughette. 1838/1839
op. 33   Sechs Lieder für vierstimmigen Männergesang. 1840
op. 34   Vier Duette für Sopran und Tenor. 1840
op. 35   Zwölf Gedichte von Justinus Kerner. 1840
op. 36   Sechs Gedichte eines Malers (Reinick). 1840
op. 37   Zwölf Gedichte aus F. Rückerts Liebesfrühling. 1840
op. 38   Erste Sinfonie für großes Orchester. 1841
op. 39   Liederkreis. Zwölf Gesänge von J. v. Eichendorff. 1840
op. 40   Fünf Lieder aus dem Dänischen und Neugriechischen. 1842
op. 41   Drei Quartette für zwei Violinen, Bratsche und Violoncello. 1842
op. 42   Frauenliebe und -leben. 1840

# Vom Geld ist die Rede, von wem noch?

[109]     *Er ging immer über die Grenzen . . .*

...sagte Verdi über den Mann, von dem hier die Rede sein wird. Und Paganini sagte zu ihm: «Sie fangen so an, wie andere aufhören.» Die musikliebende und -kritisierende Gesellschaft seiner Heimat nahm jedoch von diesem Komponisten zu Lebzeiten kaum Notiz – obwohl ihm in Deutschland und England das Publikum zujubelte. Aber er liebte Paris so, daß er trotz allem dort blieb und sein – karges – Brot durch Musikkritiken verdiente. Das Schreiben hat ihn über Wasser gehalten, und vom Komponieren hat er seinen Nachruhm.

Sein Vater war Landarzt in der Nähe von Grenoble. Der Junge sollte das gleiche werden, obwohl er die Medizin haßte. Den Neunzehnjährigen schickte man nach Paris, damit er sein Arztstudium vollende; aber er revoltierte gegen den Vaterwillen. Ergebnis: Ihm wurde der Monatswechsel gestrichen; von nun an mußte er sich selber durchfüttern. Den Lebensunterhalt verdiente er in einem Theaterchor – nebenbei studierte er am Konservatorium; aber auch dieses theoretische Studium sagte seinem unruhigen Geist nicht zu. Eigene Kompositionen aus dieser Zeit hatten keinen Erfolg. Mit 22 verließ er die Hochschule, studierte nun auf eigene Faust, vor allem die Werke Beethovens, Glucks und Webers. Fünf Jahre später hatte er seinen ersten Erfolg, mit einer Kantate, die ihm den begehrten «Prix de Rome» einbrachte. Der Preis schloß ein Auslandsstudium ein, wovon die ersten zwei Jahre in Rom verbracht werden mußten. Der junge Musiker komponierte fleißig in Rom, aber ehe die beiden Jahre um waren, zog es ihn wieder nach Paris, genauer: zog sie ihn, eine junge irische Schauspielerin, die er als 30jähriger heiratete. Die Ehe litt arg unter der Armut, sieben Jahre später trennten die beiden sich.

Mit 49 Jahren endlich bekam er den ersten und einzigen Job seines Lebens: die Stelle als Bibliothekar im Konservatorium. Zwei Jahre danach heiratete er wieder, nach dem Tod seiner ersten Frau. Zu dieser Zeit schrieb er an einem Tedeum für die Eröffnung der Pariser Weltausstellung 1855. Eine nachfolgende Oper hatte, wie alle früheren Bühnenwerke, keinen Erfolg. Im Alter von 65 Jahren starb er. Von wem war die Rede?

(Alphabetische Lösung: 2–5–18–12–9–15–26)

# Pfandbrief und Kommunalobligation

**Meistgekaufte deutsche Wertpapiere - hoher Zinsertrag - schon ab 100 DM bei allen Banken und Sparkassen**

| op. 43 | Drei zweistimmige Lieder. 1840 |
| op. 44 | Quintett für Pianoforte, 2 Violinen, Viola und Violoncello. 1842 |
| op. 45 | Romanzen und Balladen. Heft 1. 1840 |
| op. 46 | Andante und Variationen für zwei Pianoforte. 1843 |
| op. 47 | Quartett für Pianoforte, Violine, Viola und Violoncello. 1842 |
| op. 48 | Dichterliebe. 1840 |
| op. 49 | Romanzen und Balladen. Heft 2. 1840 |
| op. 50 | Das Paradies und die Peri. Dichtung aus Lalla Rookh von Thomas Moore. 1843 |
| op. 51 | Lieder und Gesänge. Heft 2. 1842 |
| op. 52 | Ouvertüre, Scherzo und Finale für Orchester. 1841 |
| op. 53 | Romanzen und Balladen. Heft 3. 1840 |
| op. 54 | Konzert für Pianoforte mit Begleitung des Orchesters. 1841/1845 |
| op. 55 | Fünf Lieder von Robert Burns. 1846 |
| op. 56 | Studien für den Pedalflügel. 1845 |
| op. 57 | Belsazar. Ballade für eine Singstimme. 1845 |
| op. 58 | Skizzen für den Pedalflügel. 1845 |
| op. 59 | Vier Gesänge für gemischten Chor. 1846 |
| op. 60 | Sechs Fugen über den Namen Bach. 1845 |
| op. 61 | Zweite Sinfonie für großes Orchester. 1845/1846 |
| op. 62 | Drei Gesänge für Männerchor. 1847 |
| op. 63 | Trio (d-Moll) für Pianoforte, Violine und Violoncello. 1847 |
| op. 64 | Romanzen und Balladen. Heft 4. 1841/1847 |
| op. 65 | Ritornelle von Friedrich Rückert. 1847 |
| op. 66 | Bilder aus dem Osten. Sechs Impromptus für das Pianoforte zu vier Händen. 1848 |
| op. 67 | Romanzen und Balladen für Chor. Heft 1. 1849 |
| op. 68 | Album für die Jugend. 40 Klavierstücke. 1848 |
| op. 69 | Romanzen für Frauenstimmen. Heft 1. 1849 |
| op. 70 | Adagio und Allegro für Pianoforte und Horn. 1849 |
| op. 71 | Adventslied von Friedrich Rückert. 1848 |
| op. 72 | Vier Fugen für das Pianoforte. 1845 |
| op. 73 | Phantasiestücke für Pianoforte und Klarinette. 1849 |
| op. 74 | Spanisches Liederspiel für eine oder mehrere Singstimmen. 1849 |
| op. 75 | Romanzen und Balladen für Chor. Heft 2. 1849 |
| op. 76 | Vier Märsche für Pianoforte. 1849 |
| op. 77 | Lieder und Gesänge. Heft 3. 1840/1850 |
| op. 78 | Vier Duette für Sopran und Tenor. 1849 |
| op. 79 | Liederalbum für die Jugend. 1849 |
| op. 80 | Zweites Trio (F-Dur) für Pianoforte, Violine und Violoncello. 1847/1849 |
| op. 81 | Genoveva. Oper in 4 Akten nach Tieck und Hebbel. 1847/1848 |
| op. 82 | Waldszenen. Neue Klavierstücke. 1848/1849 |
| op. 83 | Drei Gesänge für eine Singstimme. 1850 |
| op. 84 | Beim Abschied zu singen für Chor mit Begleitung. 1847 |
| op. 85 | Zwölf vierhändige Klavierstücke für kleine und große Kinder. 1849 |
| op. 86 | Konzertstück für vier Hörner und großes Orchester. 1849 |

| op. 87 | Der Handschuh. Ballade von Schiller. 1850 |
|---|---|
| op. 88 | Phantasiestücke für Pianoforte, Violine und Violoncello. 1842 |
| op. 89 | Sechs Gesänge von Wilfried von der Neun. 1840 |
| op. 90 | Sechs Gedichte von N. Lenau und Requiem. 1850 |
| op. 91 | Romanzen für Frauenstimmen. Heft 2. 1849 |
| op. 92 | Introduktion und Allegro appassionato. Konzertstück. 1849 |
| op. 93 | Motette «Verzweifle nicht» von Friedrich Rückert. 1849 |
| op. 94 | Drei Romanzen für Oboe mit Begleitung des Pianoforte. 1849 |
| op. 95 | Drei Gesänge aus Byrons hebräischen Gesängen. 1849 |
| op. 96 | Lieder und Gesänge. Heft 4. 1850 |
| op. 97 | Dritte Sinfonie (Es-Dur) für großes Orchester. 1850 |
| op. 98a | Lieder Mignons, des Harfners und Philinens. 1849 |
| op. 98b | Requiem für Mignon. 1849 |
| op. 99 | Bunte Blätter. Vierzehn Stücke für das Pianoforte. 1836—1849 |
| op. 100 | Ouvertüre zur Braut von Messina von Fr. Schiller. 1850/1851 |
| op. 101 | Minnespiel aus Rückerts Liebesfrühling für eine oder mehrere Singstimmen. 1849 |
| op. 102 | Fünf Stücke im Volkston für Violoncello und Pianoforte. 1849 |
| op. 103 | Mädchenlieder von E. Kulmann für zwei Sopranstimmen. 1851 |
| op. 104 | Sieben Lieder von E. Kulmann für eine Singstimme. 1851 |
| op. 105 | Sonate (a-Moll) für Pianoforte und Violine. 1851 |
| op. 106 | Schön Hedwig. Ballade von Friedrich Hebbel. 1849 |
| op. 107 | Sechs Gesänge für eine Singstimme. 1851/1852 |
| op. 108 | Nachtlied von Friedrich Hebbel für Chor und Orchester. 1849 |
| op. 109 | Ballszenen. 1851 |
| op. 110 | Drittes Trio (g-Moll) für Pianoforte, Violine und Violoncello. 1851 |
| op. 111 | Drei Phantasiestücke für das Pianoforte. 1851 |
| op. 112 | Der Rose Pilgerfahrt. Märchen nach einer Dichtung von Moritz Horn für Solostimmen, Chor und Orchester. 1851 |
| op. 113 | Märchenbilder. Vier Stücke für Pianoforte und Viola. 1851 |
| op. 114 | Drei Lieder für drei Frauenstimmen. 1853 |
| op. 115 | Manfred. Dramatisches Gedicht von Byron. 1848—1851 |
| op. 116 | Der Königssohn. Ballade von Ludwig Uhland. 1851 |
| op. 117 | Vier Husarenlieder für eine Baritonstimme. 1851 |
| op. 118 | Drei Klaviersonaten für die Jugend. 1853 |
| op. 119 | Drei Gedichte aus den Waldliedern von S. Pfarrius. 1851 |
| op. 120 | Sinfonie Nr. 4 (d-Moll) für großes Orchester. 1841 (zweite Fassung 1851) |
| op. 121 | Zweite große Sonate für Pianoforte und Violine. 1851 |
| op. 122 | 1. Ballade vom Heideknaben. 2. Die Flüchtlinge. 1852 |
| op. 123 | Fest-Ouvertüre mit Gesang über das Rheinweinlied. 1853 |
| op. 124 | Albumblätter. 20 Klavierstücke. 1832—1845 |
| op. 125 | Fünf heitere Gesänge für eine Singstimme. 1851 |
| op. 126 | Sieben Klavierstücke in Fughettenform. 1853 |
| op. 127 | Lieder und Gesänge von Kerner, Heine, Strachwitz, Shakespeare. 1850/1851 |
| op. 128 | Ouvertüre zu Shakespeares Julius Cäsar. 1850 |

| op. 129 | Konzert (a-Moll) für Violoncello mit Orchester. 1850 |
| op. 130 | Kinderball. Sechs leichte Tanzstücke. 1853 |
| op. 131 | Phantasie für Violine mit Begleitung des Orchesters. 1853 |
| op. 132 | Märchenerzählungen. Vier Stücke für Klarinette, Viola und Pianoforte. 1853 |
| op. 133 | Gesänge der Frühe. 1853 |
| op. 134 | Konzert-Allegro mit Introduktion für das Pianoforte. 1853 |
| op. 135 | Gedichte der Königin Maria Stuart. 1852 |
| op. 136 | Ouvertüre zu Goethes Hermann und Dorothea für Orchester. 1851 |
| op. 137 | Jagdlieder von Heinrich Laube. 1849 |
| op. 138 | Spanische Liebeslieder für eine oder mehrere Stimmen. 1849 |
| op. 139 | Des Sängers Fluch. Ballade nach Ludwig Uhland. 1852 |
| op. 140 | Vom Pagen und der Königstochter. Vier Balladen von Geibel. 1852 |
| op. 141 | Vier doppelchörige Gesänge. 1849 |
| op. 142 | Vier Gesänge für eine Singstimme. 1852 |
| op. 143 | Das Glück von Edenhall. Ballade nach Uhland. 1853 |
| op. 144 | Neujahrslied von Friedrich Rückert. 1849/1850 |
| op. 145 | Romanzen und Balladen für Chor. Heft 3. 1849 |
| op. 146 | Romanzen und Balladen für Chor. Heft 4. 1849 |
| op. 147 | Messe für vierstimmigen Chor. 1852 |
| op. 148 | Requiem für Chor und Orchester. 1852 |

# BIBLIOGRAPHIE

### 1. Literarische Schriften und Lebenszeugnisse

SCHUMANN, ROBERT: Gesammelte Schriften über Musik und Musiker. 4 Bde. Leipzig 1854. — 5. Aufl. von Martin Kreisig. 2 Bde. 1914

SCHUMANN, ROBERT: Jugendbriefe. Hg. von Clara Schumann. Leipzig 1885

SCHUMANN, ROBERT: Briefe. Hg. von F. G. JANSEN. Leipzig 1886. — Neue Folge. 1904

ROBERT SCHUMANNS Briefwechsel mit Henriette Voigt. Hg. von JULIUS GENSEL. Leipzig 1892

Robert Schumanns Leben. Aus seinen Briefen geschildert von HERMANN ERLER. 2 Bde. Berlin 1887

Robert Schumann in seinen Schriften und Briefen. Eingel. und mit biographischen und kritischen Erl. versehen von WOLFGANG BOETTICHER. Berlin 1942

### 2. Gesamtdarstellungen

WASIELEWSKI, JOSEPH W. VON: Robert Schumann. Dresden 1858. — 5. Aufl. 1926. — Dazu W., Schumanniana. 1884

REISSMANN, AUGUST: Robert Schumann. Berlin 1879

SPITTA, PHILIPP: Robert Schumann. Ein Lebensbild. Leipzig 1883

ABERT, HERMANN: Robert Schumann. Berlin 1903. (Berühmte Musiker. 15) — 4. Aufl. 1920

WOLFF, ERNST: Robert Schumann. Berlin 1906. (Die Musik. 19.)

DAHMS, WALTER: Schumann. Leipzig 1916. (Klassiker der Musik.) — 15. bis 16. Tsd. 1925

PFORDTEN, HERMANN FRH. VON DER: Robert Schumann. Leipzig 1920. (Wissenschaft und Bildung. 157)

PITROU, ROBERT: La vie intérieure de Robert Schumann. Paris 1925

BASCH, VICTOR: Schumann. Paris 1926

BASCH, VICTOR: La vie douloureuse de Schumann. Paris 1928

TESSMER, HANS: Robert Schumann. Stuttgart 1930. (Musikalische Volksbücher.)

SCHUMANN, EUGENIE: Robert Schumann. Ein Lebensbild meines Vaters. Leipzig 1931

BEAUFILS, MARCEL: Schumann. Paris 1932

GERTLER, WOLFGANG: Robert Schumann. 1810—1856. Leipzig 1936. (Meyers Bildbändchen.)

KORTE, WERNER: Robert Schumann. Potsdam 1937

BÜCKEN, ERNST: Robert Schumann. Köln 1940

BOETTICHER, WOLFGANG: Robert Schumann. Einführung in Persönlichkeit und Werk. Berlin 1941. (Veröffentlichungen der deutschen Robert-Schumann-Gesellschaft.)

PETZOLDT, RICHARD: Robert Schumann. Leben und Werk. Leipzig 1947. (Breitkopf und Härtels Musikerbiographien.) — 2. Aufl. 1947

COLLING, ALFRED: Schumann. Paris 1942. — Nouvelle éd. 1951
SCHAUFFLER, ROBERT HAVEN, Florestan. The life and work of Robert Schumann. New York 1945
CHISSEL, JOAN: Schumann. London 1948
SUTERMEISTER, PETER: Robert Schumann. Sein Leben nach Briefen, Tagebüchern und Erinnerungen. Zürich 1949
WÖRNER, KARL H.: Robert Schumann. Zürich 1949
COEUROY, ANDRÉ: Schumann. La vie, l'œuvre. Paris 1950
MÜLLER, ERNST: Robert Schumann. Eine Bildnisstudie. Olten 1950. (Musikerreihe. 7)
ABRAHAM, GERALD: Schumann. New York 1951
REHBERG, PAULA und WALTER: Robert Schumann. Zürich 1954
EISMANN, GEORG: Robert Schumann, Eine Biographie in Wort und Bild. Leipzig 1956

### 3. Biographische Einzelheiten

KÖTZ, HANS: Der Einfluß Jean Pauls auf Robert Schumann. Weimar 1933
SCHMIDT, FRIEDRICH: Das Musikleben der bürgerlichen Gesellschaft Leipzigs im Vormärz (1815—1848). Diss. Leipzig 1912
KOHUT, ADOLPH: Friedrich Wieck. Dresden 1888
JANSEN, F. GUSTAV: Die Davidsbündler. Aus Robert Schumanns Sturm- und Drangperiode. Leipzig 1883
KEHM, PETER: Die ‹Neue Zeitschrift für Musik› unter Schumanns Redaktion. Diss. München 1943
LITZMANN, BERTHOLD: Clara Schumann. Ein Künstlerleben. 3 Bde. Leipzig 1902—1908

### 4. Untersuchungen

BÜCKEN, ERNST: Die Musik des 19. Jahrhunderts bis zur Moderne. Potsdam 1931. (Handbuch der Musikwissenschaft.)
NINCK, MARTIN: Schumann und die Romantik in der Musik. Heidelberg 1929
BRION, MARCEL: Robert Schumann et l'âme romantique. Paris 1954. — Deutsch. Erlenbach—Zürich 1955
KRETZSCHMER, HERMANN: Robert Schumann als Ästhetiker. In: Jahrbuch der Musikbibliothek Peters 1907

HOHENEMSER, RICHARD: Formale Eigentümlichkeit in Robert Schumanns Klaviermusik. In: Sandberger-Festschrift. München 1918
GERTLER, WOLFGANG: Robert Schumann in seinen frühen Klavierwerken. Wolfenbüttel 1931
SCHWEIGER, M.: Die Harmonik in den Klavierwerken Schumanns. Wien 1931
SCHWARZ, WERNER: Schumann und die Variation mit besonderer Berücksichtigung der Klavierwerke. Kassel 1932. (Königsberger Studien zur Musikwissenschaft. 15)
BEAUFILS, MARCEL: La musique de piano de Schumann. Paris 1951

LEIPOLD, EUGEN: Die romantische Polyphonie in der Klaviermusik Robert
Schumanns. Diss. Erlangen 1955

ROSENWALD, HERMANN: Das deutsche Lied zwischen Schubert und Schumann.
Diss. Heidelberg 1930

MOSER, HANS JOACHIM: Das deutsche Lied seit Mozart. 2 Bde. Berlin 1937

WOLFF, VIKTOR ERNST: Robert Schumanns Lieder in ersten und späteren
Fassungen. Leipzig 1914

MÖLLENHOFF, ELSE: Dichtung und Musik in Schumanns Klavierlied. Diss.
Köln 1942


## NACHTRAG

### 1. Literarische Schriften

SCHUMANN, ROBERT: Tagebücher. Hg. von GEORG EISMANN. Bd. 1. 1827—
1838 ff. Leipzig 1971 ff


### 2. Bibliographien, Hilfsmittel

MUNTE, FRANK: Verzeichnis des deutschsprachigen Schrifttums über Robert
Schumann, 1856—1970. Anh.: Schrifttum über Clara Schumann. Hamburg 1972 (Schriftenreihe zur Musik)

Sammelbände der Robert-Schumann-Gesellschaft. Bd. 1.2. Leipzig 1961—
1966


### 3. Gesamtdarstellungen

EISMANN, GEORG: Robert Schumann. Ein Quellenwerk über sein Leben und
Schaffen. Bd. 1.2. Leipzig 1956

YOUNG, PERCY MARSHALL: Robert Schumann. Mit Ill. Leipzig 1968


### 4. Untersuchungen

BOETTICHER, WOLFGANG: Robert Schumanns Klavierwerke. Neue biographi-
sche und textkritische Untersuchung. T. 1., Opus 1—6. Wilhelmshaven
1976 (Quellenkataloge zur Musikgeschichte. 9)

GEBHARDT, ARMIN: Robert Schumann als Symphoniker. Regensburg 1968
(Forschungsbeiträge zur Musikwissenschaft. 20)

KEIL, SIEGMAR: Untersuchungen zur Fugentechnik in Robert Schumanns In
strumentalschaffen. Hamburg 1973 (Hamburger Beiträge zur Musikwis
senschaft. 11)

KNAUS, HERWIG: Musiksprache und Werkstruktur in Robert Schumann

«Liederkreis»; mit d. Faks. d. Autographs. München 1974 (Schriften zur Musik. 27)

LICHTENHAHN, ERNST: Die Bedeutung des Dichterischen im Werk Robert Schumanns. [Phil. Diss.] Basel 1974

PLANTINGA, LEON B.: Schumann as critic. New Haven 1967 (Yale Studies in the history of music. 4)

PROBST, GISELA: Robert Schumanns Oratorien. Wiesbaden 1975 (Neue musikgeschichtliche Forschungen. 9) [Zugl. Phil. Diss. Frankfurt a. M.]

SAMS, ERIC: The Songs of Robert Schumann. London 1969

QUELLENNACHWEIS DER ABBILDUNGEN

Historisches Bildarchiv: 8 / Rowohlt-Archiv: 9 / Bibliothèque du conservatoire: 11, 135 / Bibliothèque Nationale (Éditions du Seuil): 12, 16 oben und unten, 17 oben und unten, 22, 25, 28, 29, 30, 33, 47, 50, 71, 77, 83, 85, 88, 95, 97, 103, 105, 106, 111, 113, 117, 118 oben und unten, 123, 126, 128, 130, 136, 144, 152 / Heinz Winkelmann (Schumann-Museum): 14, 20, 21, 23, 26, 35, 42, 44, 57, 89, 100, 115, 120, 121, 142, 145, Umschlagrückseite / Heinz Winkelmann: Umschlagvorderseite, 19, 133 / Stadtgeschichtliches Museum, Leipzig: 39, 40, 54 / Giraudon: 41 oben / Roger Violett: 41 unten, 105, 110, 112 / Staatliche Fotothek, Dresden: Frontispiz, 43, 53, 61, 116, 139, 149 / Universitätsbibliothek, Tübingen: 63, 69 / Harlingue: 71, 124 / Ullstein-Bilderdienst: 86 / Bulloz: 87 / Rigal: 93 / Andersens-Hus, Odense: 119 / Preußische Staatsbibliothek: 125 / Historia-Photo: 147

# NAMENREGISTER

*Die kursiv gesetzten Zahlen bezeichnen die Abbildungen,
die hochgestellten Ziffern verweisen auf die Fußnoten*

Arnim, Achim von 14, 15

Bach, Johann Sebastian 24, 26, 35, 41, 44, 99, 123, 140
Bakunin, Michail A. 114, 127
Banck 62
Beethoven, Ludwig van 35, 41, 44, 47, 49, 64, 76, 83, 99, 102, 103, 109, 114, 117, 118, 121, 123, 132, 134, *138*
Bellini, Vincenzo 46
Bennett, Sir William Sterndale 46, 56
Béranger, Pierre-Jean de 96
Berg, Alban Maria Johannes 74
Berlioz, Hector 40, 44, 49, 110, 130, 134, *41*
Böttiger, Carl Vilhelm 132
Brahms, Johannes 131, 134, 138 f, 143, *136*
Brendel, Franz 113
Brentano, Clemens 14, 15
Brion, Marcel 19
Bülow, Hans Guido Freiherr von 115, *118*
Burns, Robert 85, *85*
Byron, George Gordon Lord 10, 18, 85, 99, 121, 122, 128, *87*

Calderón de la Barca, Pedro 121
Carus, Agnes 22, 25 f, 44, 54, *23*
Carus, Carl Gustav 25
Chamisso, Adelbert von (Louis Charles Adélaïde de Chamisso de Boncourt) 14, 15, 94 f, *95*
Chopin, Frédéric 41, 44, 67, *41*
Cicero, Marcus Tullius 121
Cortot, Alfred 36[1], *73*
Cramer, Heinrich 45
Czerny, Carl 45

Dietrich, Albert Hermann 140
Dorn, Heinrich 34, 35

Eichendorff, Joseph von 14, 82, 84, 85, 86 f, 118, 129, *88*

Fleschig 22
Freiligrath, Ferdinand 127
Fricken, Ernestine von 44, 55 f, 62, *42*

von Fricken 55 f

Gade, Niels Vilhelm 114, 115
Geibel, Emanuel 94, 128, 135
Goethe, Johann Wolfgang von 10, 13, 15, 18, 29, 51, 85, 86, 92, 121, 128 f
Grillparzer, Franz 118

Händel, Georg Friedrich 138
Haslinger, Tobias 59
Haydn, Joseph 18, 98
Hebbel, Friedrich 121, 122, 123, 124
Heine, Heinrich 81, 82, 85, 86, 88 f, 129, *89*
Heller, Stephen 44
Hérold, Ferdinand 46
Herz, Henri 41
Hiller, Ferdinand von 114, 116, 123, 130
Hoffmann, Ernst Theodor Amadeus 15, 48, 60, 75, 77, 121, 141, *16*
Hölderlin, Friedrich 15, 140 f, 145, *17*
Homer 138
Hugo, Victor 99
Hummel, Johann Nepomuk 32, 35, 41, 46
Hünten, Franz 41

Jean Paul (Johann Paul Friedrich Richter) 10, 13, 16, 18, 19, 21, 22, 23, 26, 38, 99, 128, 138, 141, *22*
Joachim, Joseph 109, 138 f, 143, *137*
Joyce, James 7

Kerner, Justinus 92, 99
Kleist, Heinrich von 15
Knorr, Julius 40
Kühn, Sophie von 52
Kulmann, Elisabeth 96, 135
Kuntsch 16, 32

Laidlaw, Anna Robena 67
Lenau, Nikolaus (Nikolaus Franz Niembsch, Edler von Strehlenau) 94
Lessing, Gotthold Ephraim 15
Lind, Jenny 115, 118, *119*
Lipinski, Karl (Karol Józef Lipiński) 56

Liszt, Franz von 40, 64, 98, 104, 107, 109, 110 f, 115, 130, *112*
Loewe, Carl 83, 96
Lorenz, Franz 113
von der Lühe 38
Luther, Martin 135
Lyser, J. P. 40, 44, 52

Maria Stuart, Königin von Schottland 96
Marschner, Heinrich 56
Mendelssohn-Bartholdy, Felix 41, 44, 46, 67, 82, 102, 108 f, 113, 114, 123, *110*
Meyerbeer, Giacomo (Jakob Liebmann Meyer Beer) 46, 111, 121, 122
Mittermaier, Karl Joseph Anton 27
Moore, Thomas 85, 108, 121
Mörike, Eduard 86, 94
Moritz, Karl Philipp 82
Moscheles, Ignaz 17, 30, 31, 32, 34
Mosen, Julius 94
Mozart, Karl Thomas 77
Mozart, Wolfgang Amadé 18, 44, 46, 47, 76, 98, 99, 107, 118

Novalis (Georg Philipp Friedrich von Hardenberg) 14, 15, 52, *17*
Novello, Clara Anastasia 72[1]

Oten 117

Paganini, Niccolò 31, 34, 35, 38, 56, *30*
Palestrina, Giovanni Pierluigi da 123
Pasta, Giuditta 29
Pfarrius, S. 94
Pirandello, Luigi 7
Pleyel, Camilla 81

Racine, Jean 121
Reinick, Robert 122
Richartz, Dr. 143
Rosen 27, 29
Rossini, Gioacchino Antonio 41, 46, 76
Rückert, Friedrich 84, 86, 102, 128, *86*
Ruckgaber 46

Schiller, Friedrich 10, 13, 18
Schlegel, Friedrich 64

Schröder-Devrient, Wilhelmine 115
Schubert, Ferdinand 77
Schubert, Franz 22, 35, 41, 76, 92, 102
Schumann, Christina 23, 24, 27, 30, 31 f, 34, 36, 37, 38, 54, 57, 58, 26
Schumann, Clara 27 38, 44, 51 f, 58 f, 67 f, 72[1], 78 f, 86, 94, 98 f, 107, 111 f, 114, 117 f, 120 f, 130, 134, 136, 137 f, 141 f, *33, 43, 50, 53, 61, 72, 105, 115, 139, 144, 149*
Schumann, Ernst 79
Schumann, Julius 30, 36, 38
Schumann, Rosalie 37
Schumann (Schwester) 81
Schumann (Vater) 10, 17, 18, 21
Schuncke, Ludwig 40, 44, 64
Scott, Sir Walter 10
Shakespeare, William 85, 99
Sire, Simonin de 75, 77
Spohr, Louis 46
Stephanie, Großherzogin von Baden 30, 37
Strachwitz, Moritz Graf 94
Strauß, Johann 76

Taubert, Karl Gottfried Wilhelm 102
Tausch, Julius 137 f
Thalberg, Sigismund 41, 45
Thibaut, Anton Friedrich Justus 27, 30
Tieck, Ludwig 14, 15, 121, *16*

Uhland, Ludwig 14, 135

Voigt, Henriette 44, 54, 55, 59, 64, *44*

Wackenroder, Wilhelm Heinrich 14
Wagner, Richard 44, 114, 121, 127 134, *118*
Weber, Carl Maria Friedrich Ernst von 17, 18, 37, 41, 46, 83, 114, 121
Wieck, Clara s. u. Clara Schumann
Wieck, Friedrich 26, 27, 30, 31, 32 f, 37, 40, 44 f, 51, 55, 60 f, 67 f, 76, 78 f, 118, *33, 35*
Wiedebein 26

Zumsteeg, Johann Rudolf 83

# rowohlts bild-mono-graphien

bildmono rororo graphien

Herausgegeben
von Kurt und Beate
Kusenberg
Jeder Band mit etwa
70 Abbildungen,
Zeittafel,
Bibliographie und
Namenregister.

## Betrifft: Musik

944/5-5a

**Johann Sebastian Bach**
Luc-André Marcel [83]

**Belá Bartók**
Everett Helm [107]

**Ludwig van Beethoven**
Fritz Zobeley [103]

**Alban Berg**
Volker Scherliess [255]

**Hector Berlioz**
Wolfgang Dömling [254]

**Johannes Brahms**
Hans A. Neunzig [197]

**Anton Bruckner**
Karl Grebe [190]

**Frédéric Chopin**
Camille Bourniquel [25]

**Claude Debussy**
Jean Barraqué [92]

**Antonin Dvořák**
Kurt Honolka [220]

**Georg Friedrich Händel**
Richard Friedenthal [36]

**Joseph Haydn**
Pierre Barbaud [49]

**Paul Hindemith**
Giselher Schubert [299] Okt. '81

**Franz List**
Everett Helm [185]

**Albert Lortzing**
Hans Christoph Worbs [281]

**Gustav Mahler**
Wolfgang Schreiber [181]

**Felix Mendelssohn Bartholdy**
Hans Christoph Worbs [215]

**Giacomo Meyerbeer**
Heinz Becker [288]

**Wolfgang Amadé Mozart**
Aloys Greither [77]

# rowohlts bild-mono-graphien

bildmono rororo graphien

Herausgegeben
von Kurt und Beate
Kusenberg
Jeder Band mit etwa
70 Abbildungen,
Zeittafel,
Bibliographie und
Namenregister.

## Betrifft: Musik

**Modest Mussorgsky**
Hans Christoph Worbs [247]

**Jacques Offenbach**
P. Walter Jacob [155]

**Carl Orff**
Lilo Gersdorf [239]

**Maurice Ravel**
Vladimir Jankélévitch [13]

**Max Reger**
Helmut Wirth [206]

**Arnold Schönberg**
Eberhard Freitag [202]

**Franz Schubert**
Marcel Schneider [19]

**Robert Schumann**
André Boucourechliev [6]

**Bedrich Smetana**
Kurt Honolka [265]

**Richard Strauss**
Walter Deppisch [146]

**Johann Strauss**
Norbert Linke [304] März '82

**Igor Strawinsky**
Wolfgang Dömling [302]
Januar '82

**Georg Philipp Telemann**
Karl Grebe [170]

**Peter Tschaikowsky**
Everett Helm [243]

**Giuseppe Verdi**
Hans Kühner [64]

**Richard Wagner**
Hans Mayer [29]

**Carl Maria von Weber**
Michael Leinert [268]

**Anton Webern**
Hanspeter Krellmann [229]

# rowohlts bild-mono-graphien

**ro ro ro**
**bildmono graphien**

Herausgegeben
von Kurt und Beate
Kusenberg
Jeder Band mit etwa
70 Abbildungen,
Zeittafel,
Bibliographie und
Namenregister.

**Betrifft: Kunst**
        **Theater**
        **Film**

928/4

## Kunst

**Hieronymus Bosch**
Heinrich Goertz [237]

**Paul Cézanne**
Kurt Leonhard [114]

**Otto Dix**
Dietrich Schubert [287]

**Albrecht Dürer**
Franz Winzinger [177]

**Max Ernst**
Lothar Fischer [151]

**Caspar David Friedrich**
Gertrud Fiege [252]

**Vincent van Gogh**
Herbert Frank [239]

**Francisco de Goya**
Jutta Held [284]

**George Grosz**
Lothar Fischer [241]

**John Heartfield**
Michael Töteberg [257]

**Paul Klee**
Carola Giedion-Welcker [52]

**Käthe Kollwitz**
Catherine Krahmer [294]

**Le Corbusier**
Norbert Huse [248]

**Leonardo da Vinci**
Kenneth Clark [153]

**Michelangelo**
Heinrich Koch [124]

**Pablo Picasso**
Wilfried Wiegand [205]

**Rembrandt**
Christian Tümpel [251]

**Kurt Schwitters**
Ernst Nündel [296]

**Heinrich Zille**
Lothar Fischer [276]

## Theater/Film

**Luis Buñuel**
Michael Schwarze [292]

**Charlie Chaplin**
Wolfram Tichy [219]

**Walt Disney**
Reinhold Reitberger [226]

**Sergej Eisenstein**
Eckhard Weise [233]

**Erwin Piscator**
Heinrich Goertz [221]

**Max Reinhardt**
Leonhard M. Fiedler [228]